Começando Sua Vida com Deus

Começando Sua Vida com Deus

Jamie e Letícia Elg

Começando Sua Vida com Deus

Direitos autorais ©2011 Jamie e Letícia Elg
Todos os direitos reservados

Este livro é protegido pela lei de direitos autorais dos Estados Unidos da America. Este livro não pode ser copiado ou reimpresso de maneira comercial para ganho pessoal ou lucro. O uso de pequenas citações ou cópia ocasional de página para uso pessoal ou estudo de grupo é permitido e encorajado. Permissão será consentida mediante pedido.

Citações da Bíblia foram retiradas de Bíblia Sagrada – Nova Versão Internacional
©1993, 2000 de Sociedade Bíblica Internacional.

ISBN -13: 978-1466389410

ISBN -10: 1466389419

Para requisitar mais livros e aprender mais sobre os autores, Por favor envie email para os autores em:
jamieandgrazi2010@hotmail.com

Impresso nos Estados Unidos da América

Dedicatória

Queremos agradecer especialmente à nossa família por nos apoiar nesta nova aventura de escrever um livro em dois países e também por editá-lo.

À Valéria Maia por seu suporte e amor que significam tanto para nós. Nós nunca conhecemos uma pessoa como você, tão disposta a ajudar outros e tão carinhosa. Amamos você demais e seremos gratos para sempre.

Antonio Andrade pela sua maravilhosa disposição em ler e editar este livro mesmo depois de longas horas de trabalho. Obrigada por acreditar em nós e dar um pouco de si mesmo para nos ajudar a trazer este livro à existência.

À Kari Elg agradecemos por ler o livro e estar presente para nos ajudar. Nós amamos você.

À Heather Elg por nos inspirar, encorajar e nos ajudar. Você é uma grande amiga e uma ótima irmã.

À Nathan Elg, obrigada por ser um exemplo de excelência e por me [Jamie] encorajar a ser excelente por todos estes anos.

À Daniel Grenz por criar em mim [Jamie] amor pelo ministério e por me dar a oportunidade de ir ao Brasil, o país que eu amo e onde eu conheci a mulher por quem me apaixonei.

Ao Pr. Mário Silveira por ser um pai na fé, e por acreditar em mim [Letícia]. O seu coração de pastor ajudou-me a me tornar uma filha de Deus.

Aos nossos amigos maravilhosos que nos sustentaram em nossa caminhada com Deus por todos estes anos e por aqueles que recentemente receberam a salvação e nos inspiraram a escrever este livro.

Sumário

	Introdução: Bem vindo à sua Nova Vida..............	9
Capítulo 1	O que significa ser salvo?...............................	11
Capítulo 2	Batismo nas Águas..	19
Capítulo 3	Um Santo, Eu?..	25
Capítulo 4	Perdão...	35
Capítulo 5	Pai, Filho e Espírito Santo................................	43
Capítulo 6	O Batismo do Espírito Santo...........................	53
Capítulo 7	Desenvolvendo um Relacionamento com Deus	61
Capítulo 8	Oração...	69
Capítulo 9	Adoração...	75
Capítulo 10	Lendo a Bíblia...	79
Capítulo 11	Indo à Igreja..	89
Capítulo 12	Dízimos e Ofertas...	97
Capítulo 13	A Vida no Reino de Deus.................................	105
Capítulo 14	Testemunhos..	113
	Conclusão: Vida com Deus...............................	125

Introdução

Bem vindo à sua Nova Vida

"Jesus, Eu te convido para entrar em meu coração. Eu reconheço que Você é o Filho de Deus e que Você morreu na cruz pelos meus pecados para que eu pudesse ter um relacionamento com Deus. Eu peço perdão por meus pecados e eu quero começar uma nova vida. Venha Espírito Santo e me guie nessa nova vida com Você. Amém!"

Se você já fez alguma oração deste tipo há grandes chances de que você foi salvo. Se você recém fez isso, ainda melhor, porque agora nós podemos contar-lhe o que isso significa e possivelmente ajudar você a obter o melhor dessa experiência desde o início. Este livro busca ajudar novos convertidos ao Cristianismo a entender o que significa ser "salvo", iniciar uma "nova vida" e desfrutar das maravilhas de uma vida vivida com Deus.

Nós queremos contar-lhe o que todo Cristão gostaria que alguém tivesse lhe dito quando recém foram salvos. Nós falaremos do básico e lhe daremos as chaves para uma vida bem sucedida e poderosa com Deus. Este é um guia prático, o que significa que além de ler você realmente deverá praticar, e é isso que fará a diferença na sua vida.

Nós estamos compartilhando os tesouros que descobrimos que Jesus conquistou para todos nós na cruz. Entretanto, temos que avisar a você que este é somente o começo. O que estamos lhe dando é a fundação, não o prédio todo. Vamos mostrar o que você precisará para construir o seu próprio relacionamento com Deus, e a partir daí, será inteiramente com você fazer dessa jornada algo maravilhoso.

Nossa notícia mais admirável é que demora uma eternidade para conhecer toda a bondade de Deus e o quanto Ele ama você! Bem vindo à sua nova vida! Aproveite e não se esqueça dos benefícios: Ele perdoa todos os seus pecados, cura todas as suas doenças, coroa você com seu amor fiel, satisfaz você com Sua bondade e lhe renova como a águia (Salmo 103).

Capítulo 1

O que significa ser salvo?

"Porque Deus amou tanto o mundo que deu o seu Filho unigênito, para que todo aquele que nele crer não pereça, mas tenha a vida eterna. Pois Deus enviou o seu Filho ao mundo, não para condenar o mundo, mas para que este fosse salvo por meio dele."
John 3:16-17

Sempre que Jesus encontrou alguém, a vida dessa pessoa mudou. Com exceção daqueles que não receberam a Sua mensagem, não houve uma pessoa com coração disposto que não teve a sua vida transformada por Ele. As pessoas naquele tempo buscavam algo, mas não sabiam o que. Eles sabiam que algo estava faltando em seu coração, um vazio que precisava ser preenchido. É dito que todos, pelo menos uma vez na vida, já sentiram a necessidade de ter Deus: alguém que nos ama incondicionalmente, que faz qualquer coisa para estar conosco e que é comprometido conosco para o resto da vida. Nós normalmente procuramos por isso em outras pessoas, mas quando Deus se revela para alguém, o vazio é preenchido. Essa pessoa encontrou o Deus verdadeiro.

Ser salvo significa que você encontrou o Deus que estava procurando, aquele que ficou ao seu lado, independente das circunstâncias, mas ainda assim, não recebeu reconhecimento por estar lá. Você finalmente entendeu que Deus estava atrás de você esse tempo todo, e tudo o que Ele queria era amá-lo, ter um relacionamento com você, e libertá-lo de tudo o que o impede de viver uma vida abundante.

Mesmo que isso soe um pouco fora da realidade, continue comigo. No início, Adão e Eva tinham tudo o que precisavam no Éden. Quando eles decidiram comer do fruto do conhecimento do Bem e do Mal, eles declararam com suas atitudes que "conhecimento" era melhor do que "relacionamento" e eles serviram às idéias do inimigo (Satanás), ao invés dos desejos do seu criador. Deus queria o relacionamento de volta, então para protegê-los, ele os expulsou do Éden, porque ali eles poderiam encontrar outro fruto (da Árvore da Vida) que os manteria nesse estado para sempre.

O que significa ser salvo?

Depois de muitas tentativas de ter relacionamento com as pessoas, Deus enviou Jesus para cumprir a lei e morrer pelos pecados da humanidade, para que o seu relacionamento conosco fosse restaurado. Enquanto esteve na terra, Jesus demonstrou a perfeita representação do coração do Pai. Ele sempre estava pronto para amar, curar, libertar, perdoar, ressuscitar os mortos e passar tempo com Seus amigos. Jesus somente fez o que Ele viu o Pai fazer. E Ele somente viu o Pai amando as pessoas!

O que isso tem a ver com você? Você é a razão porque Jesus morreu na cruz. Deus queria restaurar o relacionamento com você, então Ele enviou Jesus para morrer e ressuscitar, para lhe dar a Sua própria vida e poder. Quando você reconheceu a Jesus como seu Salvador, você abriu a porta para a nova vida que Jesus conquistou. Não é como nos filmes que a pessoa volta para casa e tudo está diferente. Significa que a sua história com Deus recém começou.

Quando Paulo explicou isso à igreja em Corinto ele disse: "Portanto, se alguém está em Cristo, é nova criação. As coisas antigas já passaram; eis que surgiram coisas novas!" (2 Coríntios 5:17). Ele estava dizendo que quando nós aceitamos o sacrifício de Jesus pelas nossas vidas, é como se tivéssemos morrido e ressuscitado com Ele. Nós nos tornamos novas pessoas diante de Deus e do mundo. Ele está falando do nosso corpo espiritual, não físico. É por isso que o seu rosto e corpo não mudaram. O que mudou foi a sua percepção de Deus e o seu relacionamento com Ele. Quando você aceitou Jesus no seu coração, Ele literalmente compartilhou com você a Sua natureza de Filho de Deus.

No livro de João, capítulo 1, verso 12 diz que: "Contudo, aos que o receberam, aos que creram em seu nome, deu-lhes o direito de se tornarem filhos de Deus." É impressionante perceber, o quanto somente acreditar em Jesus, pode mudar a nossa vida para sempre. Jesus é a ponte que nos leva a Deus, e é por causa dele que podemos nos tornar filhos de Deus. Deus no reconheceu como Seus filhos quando Ele enviou Jesus para morrer no nosso lugar. Porém, como em toda história de amor baseada em liberdade, Ele espera pelo nosso reconhecimento em resposta ao Seu sacrifício. Ele escolheu ser nosso Pai e deixou à nossa escolha sermos Seus Filhos ou não.

Deus nunca quis que nós vivêssemos sozinhos. O Seu objetivo sempre foi relacionamento. Quando você aceitou o sacrifício de Jesus e decidiu ter uma nova vida com Deus,

O que significa ser salvo?

você declarou que não queria mais viver a sua vida independente dele. De agora em diante, você viverá de acordo com a realidade de que Deus está com você e que Ele o ama. Você é Seu filho ou filha, e Ele é seu Pai. Isso significa que você tem acesso ao Pai como nunca antes. Ele pode falar com você sobre sua vida e você pode falar com Ele, conhecê-lo e deixá-lo conhecer você.

Jesus nos mostrou como é viver uma vida como filho de Deus, amando e sendo amado por Ele e deixando o Seu amor fluir através de nós para outros. Nós entendemos que você pode não ver isso em todo Cristão que você conhece, mas nós estamos falando de como deve ser. É uma escolha pessoal seguir esse exemplo ou não.

Estar neste novo relacionamento com Deus, não significa que de um dia para o outro você precisa fazer tudo certo e colocar a sua vida em ordem de acordo com a Bíblia. A vida cristã não é fazer tudo certo, é ter relacionamento com Deus. Salvação não pode ser merecida, é um presente que você pode escolher receber. Você não é salvo por ser uma boa pessoa ou por fazer as coisas certas. Ser salvo é fazer parte da família de Deus e aproveitar a vida com Ele. Deus valoriza relacionamento muito mais do que estar certo, esta é a razão porque Deus nos salvou e nos estendeu perdão antes que pensássemos em nos aproximar dele. As pessoas que pensam o contrário não entenderam o significado do sacrifício de Jesus.

Deus nunca vai nos forçar a mudar algo em nossas vidas, mas Ele certamente irá apontar as áreas que necessitam mudança. E quando Ele aponta algo, Ele sempre provê a ajuda que você precisa para acertar. Foi por isso que depois que Jesus morreu e ressuscitou, Deus enviou o Espírito Santo para viver dentro dos seus filhos, para que Ele pudesse nos ajudar a ser a melhor pessoa que podemos ser. O Espírito Santo está presente conosco e dentro de nós em todo tempo. O Seu objetivo é revelar-nos quem Jesus é e nos ajudar a ser bem sucedidos em nossas vidas. É Ele quem guiará você em sua jornada para ajeitar a sua vida e não somente ter um novo começo, mas plantar novas sementes para colher um futuro melhor.

Deus providenciou tudo o que você precisa para ser bem sucedido em sua nova vida. Nós vamos falar sobre isso em todo o livro, mas o que você deve saber e ter certeza é que tudo o que você precisa já foi providenciado para você na cruz. O sangue de Jesus pagou por tudo e é através dele e

O que significa ser salvo?

do Espírito Santo que você poderá ir mais longe do que jamais imaginou.

Você saberá que, assim como tudo na vida Cristã, ser salvo é uma questão de *Fé*. Você se tornou uma nova pessoa, mas o seu corpo não mudou. Você ainda se parece como antes. "Fé é a certeza daquilo que esperamos e a prova das coisas que não vemos" (Hebreus 11:1). É por fé, a sua crença em Deus e no que Ele diz, que você será bem sucedido. Fé é a moeda do céu e você vai precisar dela para quase tudo na sua vida. Se você não precisa de fé para ver as coisas acontecerem em sua vida, você provavelmente está vivendo uma vida medíocre, ao invés de arriscar e sonhar com Deus.

Ter fé, entretanto, não significa que você tem que acreditar em tudo o que lhe disserem. Deus é muito lógico, então se você não entender algo, Ele provavelmente tem uma resposta, se você estiver disposto a perguntar. Às vezes recebemos a resposta, outras vezes não. O tesouro não está em receber todas as respostas, mas em ficar bem em não saber tudo. A Bíblia nos fala que o Espírito Santo conhece as profundezas do coração de Deus e que Ele as quer revelar aos Seus filhos. Então vá em frente! Deus tem tesouros escondidos para você achar.

Capítulo 2

Batismo nas Águas

"Quando todo o povo estava sendo batizado, também Jesus o foi. E, enquanto ele estava orando, o céu se abriu e o Espírito Santo desceu sobre ele em forma corpórea, como pomba. Então veio do céu uma voz: 'Tu és o meu Filho amado; em ti me agrado.'"
Lucas 3:21-22

Batismo ou batizar é um termo Grego que significa mergulhar repetidamente, imergir, limpar através de imersão ou submersão, lavar, tornar limpo com água, lavar a si mesmo. O que a Bíblia nos fala sobre o batismo nas águas é que ele começou com João 'Batista', que chamou as pessoas ao arrependimento por seus pecados. Quando Jesus estava sendo batizado esse ato foi uma declaração pública de que ele se arrependia dos seus pecados, mesmo que ele não tivesse nenhum, e que ele estava submetendo a sua vida a Deus. Em resposta ao ato de Jesus, Deus falou, declarando Jesus seu filho, e enviou o Espírito Santo sobre ele em forma de pomba.

O batismo é uma confissão pública de arrependimento, mas também uma demonstração pública de uma aliança entre Deus e a pessoa que está sendo batizada. Ele se assemelha a um casamento. Quando você está pronto para comprometer a sua vida com Deus, você se batiza. No Novo Testamento nós vemos pessoas que não esperaram muito tempo para serem batizadas. Uma vez que elas ouviam sobre Jesus e criam, elas eram batizadas. O batismo não deveria ser uma decisão difícil, para alguém que crê em Deus, assim como não deveria ser difícil se comprometer com alguém que amamos.

Batismo é um momento lindo e poderoso na vida de um Cristão. Mais do que uma aliança, ele significa o perdão de pecados, os pecados sendo lavados e o começo de uma nova vida. É um compromisso de viver uma vida pura, dando espaço ao Espírito Santo para nos guiar a toda a verdade e nos dar poder para testemunhar e ministrar.

A ênfase do batismo não está no ato em si, mas em seu resultado. A pessoa que é batizada se identifica com Jesus

Batismo nas Água

Cristo em sua morte, enterro e ressurreição. Quando Paulo explicou o que batismo significava à igreja Romana ele disse: "Ou vocês não sabem que todos nós, que fomos batizados em Cristo Jesus, fomos batizados em sua morte? Portanto, fomos sepultados com ele na morte por meio do batismo, a fim de que, assim como Cristo foi ressuscitado dos mortos mediante a glória do Pai, também nós vivamos uma vida nova" (Romanos 6:3-4). Isso significa que o batismo é uma representação da nossa própria morte e ressurreição para uma nova vida com Deus. Como dito anteriormente, você pode ver que a maioria das coisas que nos acontecem quando vivemos com Deus requerem fé, porque Deus não exige que você literalmente morra para que você experimente uma nova vida com Ele. O que eu acho bem legal da parte dele!

Batismo é uma cerimônia, mas não precisa ser vazio de poder. Quando você lê a respeito do batismo de Jesus você pode ver que não foi um mero ato. Deus falou do céu e o Espírito Santo apareceu em forma corpórea de pomba. No Novo Testamento nós podemos ler sobre várias pessoas que primeiro tiveram um encontro com o Espírito Santo e depois foram batizadas em água. Nós, pessoalmente, vimos pessoas que foram batizadas em ambos, em água e no Espírito Santo, ao mesmo tempo. Vimos até mesmo pessoas que foram fisicamente curadas durante o seu batismo em águas. Também vimos pessoas sendo batizadas em rios, praias, piscinas e até mesmo banheiras. Portanto, não importa onde ou como você faça isso, desde que você vá debaixo d'água e volte como um santo! Pode parecer somente um ato, mas lembre-se que é a imagem da sua própria morte e ressurreição, então faça ser algo especial. Afinal, não é todo o dia que a gente morre e ressuscita assim tão fácil!

Enquanto você progride em sua vida cristã e em seu relacionamento com Deus, ser batizado seria o passo seguinte a aceitar a Jesus como seu Salvador. Entretanto, batismo é uma escolha. Como você pode ver: quanto mais longe você for, mais fé você vai precisar. A boa notícia é que Ele quer dar fé a todo aquele que pedir, porque esse é um dos Seus dons ou presentes que vêm com o Espírito Santo (Romanos 12:6-8, 1 Coríntios 12:7-11).

Antes de você se batizar, é importante saber a visão da igreja sobre batismo. Algumas igrejas ou denominações têm visões e regras diferentes de como o ato batismal deve acontecer, mas a maioria dos grupos Cristãos concorda com o que estamos lhe dizendo aqui. Certifique-se de que você está

Batismo nas Água

fazendo isso pelo seu comprometimento com Deus e não só porque a igreja lhe pede.

Capítulo 3

Um Santo, Eu?

"Vocês, porém, são geração eleita, sacerdócio real, nação santa, povo exclusivo de Deus, para anunciar as grandezas daquele que os chamou das trevas para a sua maravilhosa luz." I Pedro 2:9

Um ditado comum que eu [Jamie] ouvi das pessoas quando eu era novo na vida Cristã é que nós somos "pecadores salvos pela graça". Eu comecei a prestar atenção nas pessoas ao meu redor e vi que elas tinham uma imagem ruim de si mesmas, como elas tomaram a identidade de pobres pecadores e esqueceram completamente do que Jesus fez na cruz. Eu não estou dizendo que nós nunca mais pecamos depois de salvos. O que eu estou me referindo é que ser pecador não é mais parte da nossa identidade. Como nós agimos externamente mostra o que nós acreditamos internamente. Se eu acredito que sou um miserável pecador, eu vou continuar pecando por fé. O que nós fazemos é simplesmente o resultado de quem nós cremos que somos e quem nós cremos que Deus é. Quem nós somos não é determinado pelo que fazemos, pelo contrário, nossas ações são determinadas por quem nós somos ou quem nós pensamos ser.

É tempo de os Cristãos acreditarem na verdade de que quando fomos salvos pelo sangue de Jesus derramado na cruz nós nos tornamos *santos*, e é isso que declara diretamente a nossa identidade. "Da mesma forma, considerem-se mortos para o pecado, mas vivos para Deus em Cristo Jesus" (Romanos 6:11). Nós estamos agora *mortos* para o pecado. Isso significa que quando nós olhamos para o nosso passado e tentamos nos lembrar de todas as coisas ruins que fizemos e nos sentimos culpados por elas, nós estamos mexendo com algo que está morto e enterrado. Isso não tem nada a dizer a respeito de quem nós somos hoje. Jesus derrotou o pecado e a morte, tomou toda a autoridade do Diabo e a devolveu à Igreja. Essa conquista nos deu a oportunidade de sermos separados como santos do Deus vivo por meio da fé em Jesus Cristo. Agora Deus não nos vê mais como pobres pecadores, mas como santos e pessoas lindas que Ele criou para se relacionar com Ele.

Um Santo, Eu?

Quando eu me tornei Cristão houve vários momentos em que eu me senti culpado pelo que eu fiz no passado. Quando eu comecei a buscar a Deus eu fui bombardeado com a verdade sobre o que era certo e errado, mas eu não aprendi muito sobre o que Deus estava falando e como Ele via as coisas. Então eu li o verso que diz: "Portanto, agora já não há condenação para os que estão em Cristo Jesus" (Romanos 8:1). E é assim que as coisas são. Deus não tem um pensamento em Sua mente de condenação a nosso respeito. Se Deus não está pensando nisso, eu certamente não posso ficar pensando nisso também. O Diabo é o acusador e ele é muito irritante, mas nós não temos mais razão para receber condenação. Quando nós começarmos a ter melhores pensamentos a nosso respeito, a respeito de outras pessoas e circunstâncias, nós vamos crer e agir de acordo com o que pensamos.

Quando nós aceitamos a Jesus em nossas vidas, nós estamos literalmente aceitando Ele em nosso ser. Cristo vive em nós e possui o nosso coração. E o Seu Espírito foi enviado após Jesus para que nós nos tornemos como Ele neste mundo. Quanto mais crescemos com Ele, mais nos percebemos revelando a natureza de Deus em amor, paz, pureza e poder.

A descoberta do fato de que Cristo vive em nós é o que está mudando o significado de ser Cristão hoje em dia. É isto que está mudando o espírito de religião no mundo e o caráter dos Cristãos. O mundo está percebendo que Jesus não está somente no céu, nem somente na atmosfera, mas Jesus está em VOCÊ! A Bíblia fala muito sobre como nós somos o corpo de Cristo, e juntos, como Igreja, representamos a Deus. É comum falarmos sobre o corpo de Cristo, mas isso significa muito mais do que palavras. Jesus Cristo quer se revelar através de nós Cristãos. Ele quer revelar a si mesmo para outros através de você. Quanto mais o conhecemos, mais nos tornamos como Ele. Isso não significa que nós perdemos o nosso cérebro, nossa personalidade e nossa individualidade. Tudo em nós se torna melhor com Deus em qualidade, caráter e pureza. Quando vivemos por anos com nossos cônjuges ou até mesmo passamos tempo com nosso melhor amigo, nós nos tornamos mais e mais parecidos com a essa pessoa. O detalhe singular de nosso relacionamento com Deus é que Ele não muda. Ele simplesmente nos influencia e nós nos tornamos ainda melhores do que jamais pensamos ser e fazemos coisas que antes pareciam ser impossíveis.

Um Santo, Eu?

O fruto ou o resultado de ter um relacionamento com o Espírito Santo vivendo em você é: amor, alegria, paz, paciência, amabilidade, bondade, fidelidade, mansidão e domínio próprio (autocontrole). Esses são os traços de caráter que mudam a sua vida e o mundo. Deus ensinou-me sobre autocontrole muito cedo, mesmo antes de eu conhecê-lo. Quando eu tinha cerca de nove anos, eu tive muitos problemas com ira por causa de todas as circunstâncias ruins que estavam acontecendo em minha vida. Na escola, eu bati em mais de dez meninos somente em um ano escolar. Numa das ocasiões, eu fiz o cotovelo de um menino sangrar e eu percebi que realmente o tinha machucado. Mais tarde, eu estava pensando sobre o que aconteceu e eu ouvi uma voz em minha mente que disse: "Machucando outros, você somente está machucando a si mesmo". Eu não conhecia a Deus naquele tempo, mas quando eu me tornei Cristão, eu olhei para trás e percebi o quanto Ele me amava e cuidou de mim. Daquele dia em diante, minha ira ficou de lado e eu comecei a aprender a controlar a mim mesmo. Mais tarde, quando eu me tornei Cristão, eu tive que aprender rapidamente a ter autocontrole para me manter puro em minha vida e em meus pensamentos. O que nós precisamos entender é que nós temos a força e a sabedoria de Deus para nos ajudar. Eles não O chamam de Ajudador por nada. Quando eu falhava em controlar os meus pensamentos em relação a mulheres, eu percebi que as tratava diferente do que deveria. A minha vida de pensamentos estava me levando a não saber como agir com as mulheres, falhando em demonstrar a honra, admiração e cuidado que meu coração desejava ter. Quando aprendemos que temos controle sobre nós mesmos e que Deus vive dentro de nós, começamos a prestar um pouco mais de atenção. Quando pensamentos vêm à minha mente, sabendo que tenho controle, eu decido não dar atenção a eles. Isso serve para qualquer coisa. Quanto mais eu conscientemente tomo a decisão, mais fácil fica. Em pouco tempo, nós vemos os nossos relacionamentos sendo bem sucedidos e nossa alegria intacta. Deus criou nossa imaginação para coisas maravilhosas. Nós temos a habilidade de sonhar com Deus e visualizar nosso futuro de como as coisas continuarão a tornar-se mais e mais maravilhosas. Entretanto, nós temos que controlar a nossa imaginação tanto quanto temos que aprender desde cedo que dizer para a senhora na loja que ela parece com um homem não é uma boa ideia.

Um Santo, Eu?

Quando você começa a ver a si mesmo como puro, você começa a agir como tal. Quando você aprender o valor disso, buscar a pureza em sua vida não será somente um monte de regras para impedir a sua diversão. Valor é determinado pelo esforço que empreendemos para ter ou fazer algo. Um carro se torna muito valioso quando você emprega muito esforço para tê-lo e para mantê-lo. Valor é determinado por quão rara alguma coisa é. Se você vai muito a um restaurante a sua valorização por ele diminui. Se você leva uma criança faminta da África para o restaurante, o valor toma outras proporções por causa da raridade do ato.

Em pureza, o melhor exemplo é esperar até casar para ter relações sexuais. É preciso muito esforço para manter-se puro, por que se fosse fácil não teria tanto valor. Se uma pessoa tem relações sexuais muitas vezes antes de casar, o sexo não é tão especial e raro como para um casal que tem a sua primeira vez juntos. Eu posso lhe garantir que vale a pena esperar. Entretanto, eu quero dizer que se você foi sexualmente ativo em seu passado já não há mais condenação. Eu vi pessoas sendo curadas em seus corações e sendo restauradas por Deus nesta área. Há muitas coisas que Deus pode fazer, mas há também uma responsabilidade que vem com a liberdade de escolha, assim como desenvolver autocontrole e tomar boas decisões no presente. Você sempre terá a oportunidade de tomar decisões ruins ao invés de boas. Isso não significa que é culpa de Deus quando você tem consequências pelas suas escolhas, e isso também não significa que Deus está te punindo. Há uma parceria entre você e Deus para que você viva tanto os seus sonhos quanto o chamado dele para a sua vida, independente das circunstâncias.

Muitas pessoas têm a tendência a dar desculpas dizendo que é impossível ser como Jesus e que algumas vezes a tentação é muito grande. Elas dizem que são somente humanas. O problema com esse argumento é que Deus nos criou para grandeza e nos deu poder com o Espírito Santo para fazer o impossível. Nós somente temos que reconhecer que as coisas não são instantâneas. Deus ama processo. Hoje em dia, estamos muito acostumados a ter tudo imediatamente. Quanto mais a tecnologia avança, maiores são as nossas expectativas de que as coisas sejam rápidas. Infelizmente, nem tudo na vida funciona assim. Deus se importa com relacionamento mais do que com rapidez, embora Ele possa fazer várias coisas imediatas na vida de uma pessoa, há coisas que precisam de tempo, como mudar a

Um Santo, Eu?

nossa mente para crer na verdade ou simplesmente conhecer a Deus. Não tenha medo do processo! Se nós tivéssemos que mudar da noite para o dia ficaríamos extremamente assustados. Deus ama tomar um pouco mais de tempo e fazer as coisas do jeito certo.

Minha esperança e oração por você é que quanto mais você crescer em relacionamento com Deus, medo e condenação não o paralisem ou impeçam de se tornar quem você realmente quer ser. Você vai ouvir as vozes das pessoas ao seu redor dizendo quem você é e quem você não é, mas eu oro que você ouça primeiro o que Deus tem a dizer a respeito de você. Tudo o que eu sei é que Deus é bom o tempo todo e Suas palavras amáveis e benefícios estão sempre esperando por você para recebê-los.

Deixe-me guiá-lo em oração:
Senhor, eu reconheço que o sangue de Jesus derramado na cruz já pagou por tudo. Eu sou completamente santo e puro por causa do que Você fez por mim. Não há mais condenação sobre mim. Se há qualquer coisa de que eu deva me arrepender, Espírito Santo, eu oro que você me mostre (se Ele lhe mostrar alguma coisa, arrependa-se e receba o Seu perdão). Espírito Santo, ajude-me a mudar o meu pensamento sobre quem eu sou

em Jesus e abra os meus olhos para passar pelo processo de ver a verdade e deixar as mentiras de lado. Senhor, libere esperança em todas as áreas da minha vida. Eu agradeço por ser seu filho/filha e por você me amar e querer que eu cresça e seja bem sucedido e não me sinta mal por não ser perfeito. Eu sei que por causa do que Jesus fez Você me vê como eu realmente sou, não o que as minhas experiências passadas dizem que eu sou. Eu amo Você muito e abro meu coração para receber o Seu amor. Amém

Capítulo 4

Perdão

"Nele temos a redenção por meio de seu sangue, o perdão dos pecados, de acordo com as riquezas da graça de Deus." Efésios 1:7

"Filhinhos, eu lhes escrevo porque os seus pecados foram perdoados, graças ao nome de Jesus." 1 João 2:12

Perdão é o ato de desculpar, liberar alguém do peso da sua ofensa. Este é um dos valores centrais do Cristianismo, assim como Jesus morreu para que nós fossemos perdoados e restaurados ao nosso lugar de relacionamento com Deus Pai. Com a morte de Jesus o perdão foi estendido a toda humanidade. Este foi o jeito de Deus nos receber de volta.

Perdão é gratuito, mas ele vem como resposta ao nosso arrependimento. Arrepender-se é mais do que desculpar-se, significa mudar de pensamento, virar as costas para o pecado e voltar para Deus. Perdão, por outro lado, é abrir mão da raiva e da mágoa causados pela ofensa e se comprometer com a restauração do relacionamento. Deus estende perdão a todos, mas somente recebemos o perdão quando nos arrependemos.

Quando nós reconhecemos que pecamos ou danificamos nosso relacionamento com Deus de qualquer forma, nós precisamos nos arrepender e ir até Ele com o coração aberto. Ele está sempre pronto para nos perdoar. Da mesma forma, se ferimos nosso relacionamento com qualquer outra pessoa, estar pronto para se arrepender mantém nosso coração saudável e feliz. Perdão é o remédio da alma e o antídoto para relacionamentos feridos.

Perdoar alguém não significa que você esquece o que a pessoa fez ou que você deve confiar nela novamente, mas significa que você abre mão de se sentir ofendido e do direito de punir a pessoa por te magoar. Depende de você e da outra pessoa decidir se vocês irão restaurar o relacionamento ou não. Não espere até você sentir que pode perdoar alguém para fazê-lo. Perdão não é um sentimento, mas uma escolha de liberar você e a outra pessoa. Você sabe que realmente perdoou alguém quando você não sente mais a necessidade de punir e pode abençoar a pessoa. A necessidade de receber desculpas da pessoa vem do desejo de receber justiça. Uma vez que você desiste do direito de exercer justiça com

Perdão

as próprias mãos, você pode deixar Deus tomar contar da situação.

Às vezes, a pessoa que mais precisamos perdoar é a nós mesmos. Parece ser a coisa mais difícil a fazer, mas abrir mão da sua raiva por você mesmo vai liberá-lo para provar e ver que Deus é bom. Se você não fizer isso, você vai manter-se acorrentado à amargura. Não perdoar não muda o que aconteceu no passado, não faz as coisas melhorarem, não muda o seu coração, e não faz aqueles que magoaram você sofrerem ou perceberem o que eles fizeram. Entretanto, o perdão libera você de amarguras passadas e o prepara para coisas melhores. Jesus perdoou a Pedro por negá-lo e ele se tornou o fundador da igreja. Grandes coisas se originam de um coração disposto a amar incondicionalmente e estender o mesmo tipo de perdão que recebeu.

Antes de Jesus, perdão era algo que somente Deus podia dar, mas desde que Jesus restaurou-nos a um lugar de autoridade com Deus, nós agora somos responsáveis por estender perdão a outros. Jesus foi reconhecido na terra como o Filho de Deus porque Ele tinha autoridade para perdoar pecados. Nós devemos ser reconhecidos como filhos de Deus pela mesma razão. Deus nos chama a demonstrar o mesmo tipo de misericórdia que Ele demonstrou a nós. Da mesma maneira como nós fomos perdoados, nós devemos perdoar. Poder perdoar os outros é uma honra que demonstra a nossa autoridade como representantes de Deus na terra.

O padrão de perdão de Deus é mencionado em 1 João 1:9: "Se confessarmos os nossos pecados, Ele é fiel e justo para perdoar os nossos pecados e nos purificar de toda injustiça." Pedro perguntou a Jesus quantas vezes ele deveria perdoar alguém e Jesus respondeu: "até setenta vezes sete" por dia! Isso pode soar absurdo, considerando uma mesma pessoa nos magoando até setenta vezes sete num dia e sendo perdoada. É esse o tipo de perdão que Deus tem estendido a nós – ilimitado!

Deus está sempre pronto para perdoar, entretanto, Ele deixou que nós estabelecêssemos o nosso padrão de perdão, ou seja, a maneira como nós perdoamos os outros será a maneira como nós receberemos o perdão de Deus. O nosso padrão é estabelecido pela nossa própria disposição em perdoar. Uma vez que percebemos o quanto Deus tem nos perdoado, nos tornamos mais humildes entendendo o poder do perdão. A Bíblia diz que se nós negarmos perdão a alguém, Deus vai fazer o mesmo conosco. Quando retemos

Perdão

perdão para alguém, nós nos amarramos à amargura e nos distanciamos da misericórdia de Deus.

A Bíblia ilustra isso na parábola sobre o Mestre e seu servo (Mateus 18:23-35). O servo devia dinheiro ao Mestre, e quando este decidiu cobrar do servo, ele implorou, pois não tinha como pagar. O Mestre perdoou-lhe a dívida e o liberou. Na saída, o servo encontrou um amigo que lhe devia uma quantia bem menor. Seu amigo implorou que ele lhe perdoasse a dívida, mas ele se recusou e mandou prendê-lo. O Mestre, sendo notificado sobre o comportamento do servo mandou prendê-lo também. O servo então foi questionado: Por que ele não pôde demonstrar o mesmo tipo de misericórdia que lhe havia sido demonstrada?

Ter misericórdia significa demonstrar compaixão por alguém ajudando a pessoa em necessidade ativamente. Foi isso que o Mestre fez com o servo no início da história e era isso que ele esperava que o servo fizesse com seu amigo. Infelizmente, ao receber misericórdia, o servo decidiu não estendê-la a outros, seguindo o seu próprio baixo padrão. Quando o Mestre o chamou de volta, ele usou o padrão que o servo usou com seu amigo, e o mandou para a prisão.

O modo como Deus vê as coisas é realmente diferente, eu diria até mesmo quase o oposto ao modo como nós vemos as coisas. Perdoar sempre foi difícil pra mim [Letícia]. Eu tenho dificuldades em perdoar de tempos em tempos. Eu percebi que nunca aprendi a perdoar, e que meu senso de justiça é totalmente cruel. Quando eu me sinto ofendida eu quero justiça, eu quero punir a pessoa independentemente de desculpas. Eu quero fazê-la sofrer como ela me fez sofrer. E então eu percebo que o Espírito Santo está dentro de mim, e eu fico envergonhada por meu comportamento. É somente quando eu deixo a ofensa ir embora, quando eu choro para Deus, lhe digo o que a pessoa fez para mim e o quanto ela me machucou que eu posso perdoar e seguir em frente. Perdão é algo que eu ainda estou aprendendo, e meu sonho é que eu venha a perdoar instantaneamente, porque esse é o jeito que eu quero ser perdoada por Deus. Por que eu não perdôo instantaneamente eu sempre espero receber punição ao invés de graça. Meu marido, entretanto, é o mestre do perdão. Ele perdoa tão rapidamente que chega a ser quase irritante. Simplesmente assistindo ele perdoar outros e recebendo o perdão genuíno que ele me estende, mesmo quando eu sinto que não mereço,

Perdão

percebo o quanto isso me torna humilde, sendo um exemplo que eu quero seguir. Ele me encoraja a perdoar independente da circunstância. Ele tem um coração sempre alegre e nunca carrega ofensas passadas. É honestamente uma das melhores características que alguém pode ter e desenvolver.

A maneira de Deus é muito mais focada em quem nós somos e o que está dentro de nós do que nas circunstâncias e nas pessoas ao nosso redor. Perdão não depende do quanto a outra pessoa está arrependida, mas em quanto perdão temos dentro de nós para dar àqueles que não merecem. É sobre nós e Deus. Quanto mais nós damos, mais recebemos. Foi através da misericórdia de Deus demonstrada pela morte de Jesus que nós saímos do lugar de dívida com Deus. E foi através da graça de Deus que nós fomos restaurados a um relacionamento com Ele como seus filhos. Misericórdia significa que nós não recebemos a punição que merecemos e graça significa que nós recebemos o que Jesus merece. Este é um presente que Jesus nos deu para que nós pudéssemos aproveitá-lo e estendê-lo a outros. Nos custa abrir mão da nossa justiça, mas nos dá o melhor resultado: *Paz!*

Começando Sua Vida com Deus

Ore conosco:

Nós liberamos o conhecimento sobre o perdão do Senhor para você, a coragem e a força do Espírito Santo para perdoar com facilidade, e para aprender a como não guardar mágoas do que as pessoas fazem contra você, mas a ser cheio da altura, do comprimento, da largura e da profundidade do amor de Deus. Nós ordenamos que a prisão da falta de perdão seja quebrada sobre a sua vida agora no nome de Jesus. Nós oramos pela ousadia de entregar todos os seus cuidados a Deus e que você seja cheio da paz que ultrapassa o entendimento. Amém.

Capítulo 5

Pai, Filho e Espírito Santo

"Se vocês me amam, obedecerão aos meus mandamentos. E eu pedirei ao Pai, e ele lhes dará outro Conselheiro para estar com vocês para sempre, o Espírito da verdade. O mundo não pode recebê-lo, porque não o vê nem o conhece. Mas vocês o conhecem, pois ele vive com vocês e estará em vocês." João 14:15-17

Há muitas teorias sobre quem Deus é: uma força, uma pessoa, alguém que é distante ou alguém que está perto, bravo e vingativo ou amoroso e compreensivo. Seja qual for a teoria, é dito que nós vemos a Deus da mesma forma que vemos nosso pai natural. Uma vez que você se abre para conhecer a Deus por quem ele realmente é, muitas das suas teorias são questionadas quando você começa esta aventura surpreendente e sobrenatural.

A Bíblia não tenta nos provar a existência de Deus. Ela começa com a afirmação de que Deus estava no início. E continua dizendo como Deus é o criador, aquele que nos sonhou à existência. Ele é a razão porque nós existimos. Toda a criação revela algo sobre Deus. Ele foi revelado como Pai através de Jesus Cristo. Jesus declarou no livro de João 14:9 que "quem viu a ele viu o Pai". Deus é espírito, o que significa que ele é invisível. Ele não muda. Ele é o mesmo ontem, hoje e amanhã. O que geralmente muda é a nossa percepção dele, porque ela se baseia em quanto nós o conhecemos. Ele é todo poderoso, portanto, nada é impossível para Ele. As únicas limitações que Ele tem foram impostas por Ele mesmo. Ele sabe de todas as coisas, passadas, presentes e futuras. Ele está em todo lugar. Ele não é limitado por tempo e espaço. Ele é eterno. Ele também é transcendente, e aqui é que pode ficar confuso para alguns, embora Ele tenha criado todas as coisas e Ele esteja em todos os lugares, Ele não é limitado nem pode ser contido. Ele não é uma força ou um poder, mas sim Ele se assemelha a uma Pessoa com personalidade, sentimentos, pensamentos.

Ele também tem atributos morais. Ele é santo, o que significa separado ou acima de todas as coisas. Ele é justo e exerce justiça fazendo o que é certo, demonstrando justiça e redimindo-nos através do sangue de Jesus, e por isso Ele nos considera vestidos em Sua própria justiça. Ele é também amor, verdade e sabedoria.

Deus tem muitos nomes por toda a Bíblia: El Shaddai (Deus Todo Poderoso), El Elyon (o Deus Altíssimo), Adonai (Senhor, Mestre), Yahweh (Senhor, Jeová), Jeová Nissi (o Senhor minha Bandeira), Jeová Raah (o Senhor meu Pastor), Jeová Rafá (o Senhor que Cura), Jeová Shammah (o Senhor está lá), Jeová Tsidikenu (o Senhor nossa Justiça), Jehovah Mekoddishkem (o Senhor quem te santifica), El Olan (o Eterno Deus), Elohim (Deus), Qanna (Zeloso), Jeová Jireh (o Senhor Proverá), Jeová Shalom (o Senhor é Paz), Jeová Sabaoth (o Senhor dos Senhores), entre outros. Jesus o conhecia e o chamava de PAI.

Todos estes nomes vieram de pessoas que estavam em relacionamento com Deus, então eles o chamavam pelo modo como Ele se revelou a eles. É por isso que muitos dos nomes se referem ao que Ele faz. Jesus, no entanto, tinha um relacionamento tão íntimo com Deus que Ele o chamava de Pai. Jesus é também Deus, que se tornou homem, abrindo mão da sua glória por um tempo, para nos revelar o Pai e nos restaurar a um lugar de relacionamento com Ele. Jesus se fez humano como nós, sujeito às mesmas tentações e desejos.

Jesus, Deus Pai e o Espírito Santo estavam juntos no início de tudo. Jesus veio para salvar a humanidade do poder do pecado e nos restaurar a um lugar de autoridade em Seu reino. Tudo o que Jesus fez foi revelar o coração do Pai por nós. Cada pessoa que Ele curou, perdoou e amou viu o Pai nele. Ele é a perfeita expressão do que Deus vinha tentando mostrar à humanidade o tempo todo, entretanto, Ele veio com a missão de morrer em nosso lugar. Três dias depois de Sua morte, Deus Pai o ressuscitou dos mortos. Depois disso, Deus enviou o Espírito Santo para nos ajudar, nos dar poder e nos guiar a toda a verdade, em tudo o que podemos conhecer a respeito de Deus.

Jesus foi o primogênito de Deus e nós nos tornamos Seus irmãos. Jesus era o seu nome terreno e significa "Ele salvará". Cristo era o título que lhe foi dado, e significa "O Messias", pois Ele foi reconhecido como Aquele que Deus prometeu que viria para salvar a humanidade. Ele nasceu de uma menina virgem chamada Maria, que teve um encontro com o Espírito Santo e ficou grávida do filho de Deus. Seu noivo na época, José, teve dificuldades para entender o que estava acontecendo, mas mais tarde ele mesmo teve um encontrou com um anjo que lhe explicou o que aconteceu.

Pai, Filho e Espírito Santo

Ele então aceitou a gravidez e amou a criança como seu próprio filho. Depois do nascimento de Jesus, Maria e José tiveram muitos filhos (Tiago, José, Judas, Simão e um número não específico de meninas). Quando Jesus começou o seu ministério, José não foi mais mencionado o que nos leva a crer que ele não mais vivia.

Jesus iniciou Seu ministério sendo batizado no Rio Jordão por seu primo, João Batista. Enquanto Ele estava sendo batizado, uma pomba pousou em Seu ombro como um sinal de que Ele era O Ungido pelo Espírito como o Messias. Uma voz veio do céu dizendo: "Este é o meu filho amado, em quem eu tenho prazer", demonstrando que Ele era o Rei ungido de Israel profetizado por Isaías. Logo após, Jesus foi conduzido pelo Espírito Santo ao deserto para ser tentado por Satanás. Jesus demonstrou novamente que estava preparado para cumprir o seu chamado quando Ele recusou usar seu poder para suprir seus desejos pessoais, maravilhar as pessoas ou dominar o mundo por força política ou militar.

Ele começou seu ministério publicamente curando os doentes, libertando aqueles possuídos por demônios e demonstrando o poder de Deus sobre cada circunstância. Ele acalmou tempestades, andou na água, tornou água em vinho, ressuscitou mortos e declarou que o Reino de Deus chegara a terra. Essa declaração foi sustentada pelos sinais e maravilhas que o seguiam. Seu ministério foi baseado em compaixão, amor incondicional, perdão e poder.

Jesus escolheu doze homens, conhecidos como seus discípulos, para andar com ele. Enquanto eles andaram com Jesus eles aprenderam mais sobre Deus do que qualquer pessoa na multidão, que seguia Jesus por suas bênçãos. Estes homens não eram ricos ou influentes. Eles eram pessoas normais que aceitaram o chamado de Jesus porque reconheceram que Ele era diferente de todas as pessoas que eles conheciam. Entre eles estava Judas, que o traiu por dinheiro, levando-o à crucificação e morte. Jesus sabia disso desde o início, mas não podemos achar em lugar algum da Bíblia um momento em que Jesus não o amou ou demonstrou confiança. Ele treinou os doze para continuarem o Seu ministério depois de Sua morte. Jesus ordenou que eles pregassem e ensinassem o evangelho a toda criatura e os batizassem em nome do Pai, do Filho e do Espírito Santo, e que em Seu nome curassem os doentes, expulsassem demônios e ressuscitassem os mortos.

Pai, Filho e Espírito Santo

Jesus foi crucificado em Jerusalém pelos pecados da humanidade sob as acusações de incitar rebelião e traição. Os líderes Romanos e Judeus temiam que ele declarasse ser líder dos Judeus, pois ele se declarou Rei sobre eles. Os Romanos temiam uma insujeição por parte de Jesus, e por isso se aliaram aos líderes Judeus e concordaram em julgá-lo pelas leis romanas. Embora Pilatos não tenha achado provas contra Jesus, ele não impediu a Sua crucificação. Jesus morreu na cruz, mas ao terceiro dia depois de sua morte, Ele foi ressuscitado dos mortos. Ele apareceu para muitas pessoas depois disso, especialmente para Seus discípulos que estavam escondidos temendo perseguições. Em uma das ocasiões, Ele disse aos seus discípulos para não saírem de Jerusalém até que eles tivessem recebido poder do Espírito Santo.

O dia em que Ele veio é conhecido como Pentecostes. Os discípulos estavam orando juntos e o Espírito Santo veio sobre eles com poder e eles começaram a falar em línguas diferentes. Pentecostes era uma celebração Judia e muitos vinham de diversas regiões. Quando eles ouviram os discípulos falando em suas próprias línguas eles ficaram maravilhados, mas não parou por aí. Pedro, aquele que negou a Jesus, falou diante da multidão e, naquele dia, três mil pessoas se arrependeram e receberam a Jesus como Seu Salvador.

Os discípulos continuaram o ministério com o Espírito Santo, curando, libertando e demonstrando o amor e compaixão de Jesus. O Espírito Santo não somente lhes deu poder, mas Ele também revelou a Jesus para outros, e o coração do Pai para qualquer um que pedisse. Ele é o Ajudador que Jesus prometeu aos discípulos. É Ele quem nos convence dos nossos pecados, da justiça e do juízo, e nos guia ao arrependimento. Ele nos leva a toda a verdade e a conhecer o coração do Pai e do Filho.

Pai, Filho e Espírito Santo são Um. Eles têm diferentes papéis, mas se movem como Um e são somente Um Deus. O Pai aponta para o Filho, declarando que Ele o enviou como o Messias para salvar a humanidade do poder do pecado. O Filho aponta para o Pai como aquele que o enviou e o Espírito Santo como aquele que viria depois que ele morresse. O Espírito Santo, agora presente em nós, aponta para o Pai e para o Filho para nos ajudar a desenvolver esse maravilhoso relacionamento com a Trindade – Deus. Eles todos estavam presentes na criação e por toda a Bíblia você pode ver Pai, Filho e Espírito Santo interagindo e apoiando um ao outro.

Pai, Filho e Espírito Santo

Cada faceta de Deus nos oferece uma oportunidade de desenvolver um relacionamento íntimo com Ele. Deus nos convida a ter a nossa própria revelação de quem Ele é, do quanto Ele nos ama e do quanto nós somos preciosos para Ele. Quando você anda em fé e em espírito, você recebe graça para conhecer seu Criador, seu Salvador e seu Ajudador/Conselheiro. Assim como Ele é três em Um, ele também nos convida a ser Um com Ele, nos movendo em Um só coração, Uma só mente e Um só espírito.

Quando pensamos em três pessoas sendo uma isso soa estranho, mas a Bíblia nos dá muitos exemplos, como quando um homem e uma mulher se unem eles se tornam um diante de Deus. Jesus usa esse mesmo termo para se referir à Igreja e Deus enquanto orava: "Para que todos sejam um, Pai, como tu estás em mim e eu em ti. Que eles também estejam em nós, para que o mundo creia que tu me enviaste" (João 17:21).

Pai, Filho e Espírito Santo são referidos como Trindade, Deus Triúno ou Divindade. Eles são três pessoas diferentes, mas Um ao mesmo tempo. Eles são um mesmo Deus e não há hierarquia. Assim como marido e mulher são duas pessoas separadas, igualmente importantes e diferentes, mas são um diante de Deus. Assim também é Deus: Pai, Filho e Espírito Santo como Um, em unidade. Um Deus — três pessoas, Uma Igreja — múltiplas pessoas.

O maior convite que poderíamos receber é ser Um com Deus. Esta foi a oração de Jesus e este é o coração de Deus para toda a humanidade. Este é o chamado para mim e para você. E isso só pode ser alcançado através de um relacionamento com Deus e com o Seu povo.

Capítulo 6

O Batismo do Espírito Santo

"Pois João batizou com água, mas dentro de poucos dias vocês serão batizados com o Espírito Santo." Atos 1:5

"Mas receberão poder quando o Espírito Santo descer sobre vocês, e serão minhas testemunhas em Jerusalém, em toda a Judéia e Samaria, e até os confins da terra." Atos 1:8

O batismo do Espírito Santo foi anunciado por Jesus aos Seus discípulos, mas foi somente depois de sua morte que isso aconteceu. Quando Ele fez este anúncio, ninguém fazia ideia de como seria, mas eles sabiam que isso lhes daria poder para testemunhar. Até então, em sua caminhada com Jesus eles estavam fazendo somente o que eles viam Jesus fazer, mas às vezes, eles não tinham fé suficiente para curar as pessoas e libertá-las de suas aflições. Após a sua morte, Jesus lhes disse para esperarem pelo Espírito Santo para que eles fossem revestidos de poder e pudessem testemunhar do poder de Deus da mesma forma que Ele o fazia. Os discípulos eram uma multidão de 300 pessoas quando Jesus falou com eles a respeito do batismo, mas somente 120 permaneceram até a vinda do Espírito Santo. Eles perseveraram em oração por dez dias depois de Jesus ascender ao céu, orando por algo que eles não sabiam exatamente como aconteceria. Quando o Espírito Santo veio, Ele surpreendeu a todos. Os homens pareciam estar bêbados, falando em línguas que não entendiam. Foi somente quando a multidão na rua, constituída por estrangeiros, percebeu que eles estavam falando nas suas próprias línguas e declarando o evangelho. Com isso, as pessoas entenderam que aquilo era mais do que bebedeira, era algo sobrenatural. Pedro, cheio do Espírito, começou a declarar as boas novas de Jesus e arrependimento de pecados. Três mil pessoas foram salvas naquele dia e se uniram a eles em fé.

O Espírito Santo é a terceira pessoa da Trindade e é sobre que sabemos menos. Ele não tem limites para manifestar seu poder e presença, mas Ele é o único na trindade que pode ser ofendido por nós e esse pecado não tem perdão. Pai e Filho apontam para Ele como aquele que vai ajudar e elevar os filhos de Deus ao seu lugar de autoridade enquanto eles caminham com Ele em poder,

O Batismo do Espírito Santo

sabedoria e graça. Há muitas teorias sobre como o Espírito Santo se manifesta e a igreja por todo o mundo ainda está tentando compreender que é possível ter um relacionamento com o Espírito Santo também. Ele não é somente um espírito, uma força, um poder, um vento ou uma pomba. Ele escolhe se manifestar da forma que Lhe agrada, e isso normalmente envolve trazer a presença de Deus de uma maneira real e tangível. Seja da maneira como for, através de um sentimento de alegria e riso, lágrimas, arrependimento, pulando, cantando ou ficando em silêncio, caindo no chão ou permanecendo de pé diante de Deus por horas, Ele traz a realidade do céu e a presença de Deus como nunca visto antes na história da igreja até Jesus.

Ele é digno de adoração porque Ele também é Deus, mas Ele não atrai atenção para si mesmo, pois seu objetivo é glorificar a Jesus e revelar-nos o Pai. O Espírito Santo é o Ajudador da igreja. É através dele se movendo em nós que somos curados e restaurados de dentro para fora. E é através dele se movendo conosco que outras pessoas são tocadas pela presença de Deus em nós.

Ele é considerado um cavalheiro, doce e educado, somente se movendo naqueles que consentem com Sua presença dentro deles, mas aqueles que ousam dar-lhe liberdade completa em suas vidas experimentam cair em gargalhadas, algo como eletricidade fluindo através de seus corpos, e cura fluindo neles e através deles para outras pessoas. Quando lhe damos liberdade para se mover, não há parte alguma em nosso corpo, mente e alma que possa resistir à presença transformadora e poderosa de Deus. Dependências e doenças fogem da Sua bondade, as pessoas se chacoalham, dançam, riem e choram. Ele é conhecido por não usar os mesmos métodos, porque Ele não pode ser contido em nossa definição simplística de um Deus que é Espírito. Não há limites para o Espírito de Deus, e não há um conjunto de formas ou regras que determinem como Ele se manifesta. Ele também não respeita nosso conjunto de regras, como a necessidade de ser batizado em águas ou até mesmo ser salvo antes de poder sentir o Seu toque. Ele é nosso parceiro para trazer o reino de Deus, e se necessário, Ele pode até nos fazer falar em outras línguas como Ele fez com os discípulos para demonstrar o poder de Deus e salvar a muitos.

 A maneira mais comum e esperada do Espírito Santo se manifestar é através de falar em línguas diferentes, conhecidas como línguas dos anjos. Quando somos batizados

O Batismo do Espírito Santo

no Espírito Santo recebemos uma linguagem de oração que nos ajuda a edificar nosso espírito. Nós não entendemos, e francamente, parece quase como linguagem de bebê, mas se você perseverar em usá-la, você sentirá seu vocabulário com Deus aumentando e também sua fé e poder. E é porque isso é tão misterioso que as pessoas temem falar em línguas estranhas. Porém, deixe-me contar-lhe que as pessoas também tinham medo de Jesus quando ele veio anunciando o reino de Deus, curando e perdoando as pessoas, quebrando o descanso do Sábado para curar pessoas e declarando que Ele era o Filho de Deus. O reino de Deus sempre vai soar como loucura para aqueles que não crêem, porque se fizesse parte da nossa simples visão de mundo e entendimento, não seria Deus.

Deus nos chamou para fazer as mesmas coisas que Jesus fez em Seu ministério e até mesmo coisas maiores. Isso é possível porque quando Ele subiu ao céu, o Espírito Santo pode vir e viver dentro de nós. Isso significa que o mesmo poder que levantou Jesus dos mortos vive em nós. "Digo-lhes a verdade: Aquele que crê em mim fará também as obras que tenho realizado. Fará coisas ainda maiores do que estas, porque eu estou indo para o Pai. E eu farei o que vocês pedirem em meu nome, para que o Pai seja glorificado no

Filho. O que vocês pedirem em meu nome, eu farei. 'Se vocês me amam, obedecerão aos meus mandamentos. E eu pedirei ao Pai, e ele lhes dará outro Conselheiro para estar com vocês para sempre" (João 14:12-16). Se nós ousarmos acreditar que se pedirmos qualquer coisa em Seu nome, ele nos dará, eu me pergunto o que acontecerá conosco como Igreja. E se nós pedíssemos ao Pai para curar pessoas através de nós? Porque o Espírito Santo vive em nós, a Sua cura está dentro nós. Deus não é somente aquele que cura, mas Sua presença é cura. A nós compete liberar o que nos foi dado. Quando liberamos cura sobre alguém, o poder que recebemos pelo Espírito Santo é liberado sobre a outra pessoa. Deus nos deu poder como corpo de Cristo para trabalharmos juntos e levarmos o evangelho a todos em manifestação de poder. Deus se especializa no impossível. Se não fizermos nada que requeira a ajuda de Deus, como nós sabemos se estamos trabalhando com o Espírito Santo ou não?

Uma ideia para manter em mente é que o Espírito Santo não se move em nós sem o nosso consentimento, até onde sabemos. Ele nunca vai magoar, maltratar ou abandonar você. Ele carrega o amor de Deus por você e quer liberá-lo sobre você em grandes medidas. Ele carrega o poder de trazer

O Batismo do Espírito Santo

a mudança na sua vida que você sempre sonhou, mas nunca soube como alcançar. Ele é quem faz o reino de Deus real em nossas vidas e na vida das pessoas ao nosso redor. Ele faz parceria conosco para chamar coisas que não existem à existência, para mudar realidades e circunstâncias através das nossas palavras, profetizando e declarando a palavra de Deus às pessoas, liberando a bondade e o amor de Deus a todos ao nosso redor. Ele é a mais doce, engraçada e surpreendente pessoa da Trindade. Ele está pronto para dissipar suas suspeitas e medos e abrir espaço para a bondade de Deus invadir a sua vida e fazê-la melhor do que você sempre imaginou. Não precisa de muito para recebê-lo, somente o desejo e a liberdade para Ele se mover. Você está prestes a experimentar a melhor coisa em todo o universo. Prepare-se, se você ousar!

Vamos orar:
Nós liberamos o batismo do Espírito Santo sobre você com poder e graça! Seja cheio do Seu amor e presença. Receba Ele em nome de Jesus!

Capítulo 7

Desenvolvendo um Relacionamento

com Deus

"Pois vocês não receberam um espírito que os escravize para novamente temerem, mas receberam o Espírito que os torna filhos por adoção, por meio do qual clamamos: 'Aba, Pai!'" Romanos 8:15

Desenvolver um relacionamento com Deus é a coisa mais maravilhosa e recompensadora que você pode fazer. Relacionamento é a razão central porque Deus nos criou. Ele queria ter relacionamento conosco, mas também queria que fôssemos livres para dizer sim ou não ao seu convite. É assim que o verdadeiro amor é.

Na Bíblia, você vai encontrar muitos exemplos de pessoas que decidiram desenvolver um relacionamento com Deus. Abraão era conhecido como amigo de Deus. Davi era conhecido como o homem segundo o coração de Deus. João era conhecido como o discípulo amado. Seja qual for o relacionamento que você se abre para ter com Deus, é esse o relacionamento que você terá. Você pode ser um escravo, um amigo, uma noiva, um guerreiro, um embaixador ou simplesmente um filho ou filha.

Nós podemos ver um exemplo disso no relacionamento entre Deus e o povo de Israel. Moisés encontrou a Deus diversas vezes no topo da montanha. Deus disse a Moisés para convidar o povo de Israel para subir à montanha e conhecê-lo também, mas eles tiveram medo. Eles pediram a Moisés que dissesse a Deus para mandar regras ao invés. Eles não quiseram se arriscar a ter relacionamento com Deus porque eles pensaram em todas as coisas que Ele poderia fazer contra eles, e eles perderam todo o amor e intimidade que Ele estava lhes oferecendo. Não é triste? Medo pode impedir você de conhecer Àquele que mais o ama. Não deixe que isso aconteça.

Entretanto, Deus não estava pronto para desistir de ter relacionamento. Depois de Jesus, Ele mudou tudo, exceto o nosso poder de escolha. É mais fácil do que nunca estabelecer um relacionamento com Deus desde que Jesus se fez como

Desenvolvendo um Relacionamento com Deus

ponte. Porém, é preciso humildade para se relacionar com alguém perfeito. Você vai perceber que Ele sempre está certo. Ele conhece o seu coração melhor do que você mesmo e Ele sempre quer o melhor para você. Por outro lado, Ele não exige que você seja perfeito para estar com Ele. Quanto mais você se relaciona com Ele, mais você recebe do Seu amor, graça e poder para mudar. Assim como em qualquer outro relacionamento, é preciso ter um coração disposto a ser vulnerável e deixar que alguém veja como você realmente é. Ele sempre está pronto para amá-lo. Você está pronto para se deixar ser conhecido e amado como nunca antes?

A primeira coisa que precisamos aprender é obediência – Humildade básica. Você já notou como crianças nos fazem milhões de perguntas e acreditam em qualquer coisa que lhes dizemos? Quando éramos recém-nascidos nós não sabíamos muitas coisas, então tivemos que confiar em nossos pais para a maioria delas. É a mesma coisa com Deus. Nós aprendemos a obedecê-lo fazendo o que Ele nos diz ou o que Ele nos fala através da leitura da Bíblia. Humildade vem quando nós colocamos a Sua palavra acima da nossa. É realmente humildade, porque muitos de nós já éramos adultos quando nos aproximamos de Deus e queremos continuar vivendo

- 63 -

nossas vidas da mesma forma. A questão é que, se nós recebemos uma nova vida de Deus, nós não deveríamos continuar fazendo as coisas do mesmo jeito. O seu jeito funcionou bem pra você? No começo das coisas, vamos precisar aprender a andar no reino DELE.

Esta é a razão porque em muitas instâncias, a Bíblia menciona que somos escravos de Cristo. Isso não é para nos diminuir, mas sim para nos mostrar que tipo de Reino nós vivemos. Por que Cristo comprou a nossa liberdade na cruz, ele pagou pelos nossos pecados, o que nos fazia prisioneiros, para que nós pudéssemos ter a liberdade de escolha. Você já se perguntou por que é tão difícil se entregar a Deus completamente e tão fácil retornar ao pecado? A liberdade de Deus nos permite retornar à prisão se este é o nosso desejo. Estar debaixo do governo de Deus é sempre uma escolha, então ser Seu escravo na realidade significa que somos livres para obedecê-lo ou não.

Obedecê-lo seria aprender a fazer as coisas certas, quando nós normalmente escolheríamos as erradas. Vamos dizer que alguém o magoou. Você quer vingança e Deus lhe diz para perdoar. Deus sempre vai guiá-lo ao melhor caminho, mas é sua escolha segui-lo ou não. É claro que

Desenvolvendo um Relacionamento com Deus

haverá consequências, o que não é a punição de Deus porque você não obedeceu, mas simplesmente o resultado das suas escolhas. Uma vez que você aprender a obedecer por amor e não por medo, você estará pronto para se tornar amigo. Como você vai saber? Você já viu crianças que obedecem aos pais mesmo quando eles não estão por perto? Quando você não teme a punição, mas sim ferir seu relacionamento, você deixou de ser escravo e passou a ser amigo. Amigos compartilham mais intimidade do que um escravo e seu mestre. Amigos conversam e confiam um no outro. A base do relacionamento não é mais obediência, mas confiança.

Quando Jesus disse aos Seus discípulos que eles não eram mais escravos, mas amigos, ele estava se referindo à intimidade. Escravos não sabem o que seu Mestre faz, mas amigos sabem. Ele abriu a oportunidade para nós conversarmos com Deus e para Ele nos dizer o que Ele vai fazer, como, quando e o que mais você imaginar. Assim como nós temos amigos, Deus quer ser nosso amigo. Isso não significa que nós não devemos obedecê-lo, mas sim que nós não temos medo de conhecê-lo e de deixá-lo nos conhecer. Amigos compartilham um nível maior de intimidade porque eles realmente conhecem um ao outro. É por isso que eles não se ofendem facilmente com nossos ataques histéricos. Eles perdoam, voltam e tomam sorvete conosco. Além de nos tornarmos amigos, nós percebemos que também somos irmãos de Jesus. Nós fomos adotados em Sua família. Nós somos filhos de Deus e podemos nos relacionar com Ele como com um pai ou uma mãe. Ele nos ama assim como um pai ou uma mãe perfeitos nos amariam. Ele nunca nos abandonará. Nada do que fizermos pode fazê-lo nos abandonar. Ele só vai nos deixar sozinhos se pedirmos para Ele o fazer. Sermos Seus filhos nos dá o mesmo privilégio que Jesus tem: chamá-lo de Pai!

Ter relacionamento com Deus somente requer que você se abra para Ele. Deixe que Ele entre nas áreas mais escuras e sujas da sua vida. Deixe Ele conhecer seus medos e sonhos mais profundos. Ele não tem medo das suas falhas, fracassos e ataques nervosos. O Seu objetivo é ajudar você a ser a melhor pessoa que você pode ser. Enquanto você caminha com Ele, você vai começar a se parecer com Ele, pensar como Ele, compartilhar o Seu coração e sonhos. Esta é uma oportunidade única de ser amado pelo Amor em pessoa. Não deixe que o medo de intimidade e o orgulho fiquem no seu caminho e lhe impeçam de ser completamente amado.

Desenvolvendo um Relacionamento com Deus

Entregue seu coração e cada área da sua vida Àquele que pode fazer tudo e você vai se surpreender com todas as coisas boas que vão aparecer dentro de você.

Deixe-nos guiá-lo em oração:
Deus, eu quero te conhecer mais. Mostre-se a mim e fale comigo. Deixe-me saber o que Você está pensando e o que Você quer para a minha vida. Obrigada por fazer um caminho para que nós pudéssemos nos relacionar. Eu me abro para o Seu amor e eu peço que Você me ensine a amar a Você, amar a outros e receber amor. Eu mal posso esperar para ir mais fundo em meu relacionamento com Você! Eu deixo o medo que me prende e entrego minha vida a Você.

Capítulo 8

Oração

"Não andem ansiosos por coisa alguma, mas em tudo, pela oração e súplicas, e com ação de graças, apresentem seus pedidos a Deus."
Filipenses 4:6

Orar é falar com Deus, seja para pedir, agradecer, compartilhar cargas ou alegrias. Você pode orar na igreja, em sua casa ou onde você estiver. Você pode fazer isso em voz alta ou em seu pensamento. Desde que você direcione seus sentimentos, pensamentos ou palavras a Deus, você está orando. Você pode orar de maneira formal ou simplesmente ter uma conversa com Deus. Normalmente as pessoas pensam que Deus só vai aceitar a oração se ela for formal e com as palavras certas. A verdade é que nós não sabemos orar, mas o Espírito Santo intercede por nós enquanto oramos, e Ele faz soar perfeito quando chega aos ouvidos de Deus.

Algumas pessoas têm tempos formais de oração, toda manhã ou noite. Alguns oram por uma hora e outros por 10 a

15 minutos. Isso é tudo formalidade e não importa realmente para Deus. Nós não oramos para mostrar aos outros o quão santo nós somos, mas sim para compartilhar nosso coração e sentimentos com Deus. O mais importante é que você ore. Jamie e eu pessoalmente conversamos com Deus o dia todo e, às vezes, separamos um tempo para ter conversas mais longas.

Em oração existe o tempo de falar, quando você pode derramar seu coração a Deus, e o tempo de ouvir, quando você deixa Deus responder. Às vezes demora mais para reconhecermos as respostas de Deus. Não se preocupe com isso. Assim como em qualquer relacionamento, precisamos aprender a nos comunicar, o que significa falar e ouvir. Ele pode responder de várias maneiras: através da Bíblia, através de um pensamento que vem à sua mente, uma imagem, um sentimento, etc. As suas respostas estão sempre de acordo com o que está escrito na Bíblia e elas normalmente trazem um sentimento de paz. Orar é uma maneira de dar seus problemas e suas preocupações para Deus e receber a paz dele em retorno. É um tempo de troca: você dá o que você tem e Ele lhe dá o que Ele tem. Em outros momentos nós carregamos preocupações por outros. Quando oramos por

Oração

eles, nós os trazemos diante de Deus e deixamos os nossos cuidados com Ele. Ele pode fazer qualquer coisa e é o nosso papel trazer a Ele o que está pesando em nossos corações. Esse é um ato de confiança nele. Algumas vezes Ele vai nos dizer para parar de orar pelo assunto e outras vezes Ele vai nos deixar orar mais um pouco. Quando a paz dele vem sobre um determinado assunto, você pode descansar. Isso se chama intercessão. É isso que o Espírito Santo faz por nós toda a vez que nós oramos.

A única oração determinada que encontramos na Bíblia aparece quando os discípulos pedem a Jesus para ensinar-lhes a orar. Jesus disse que eles deveriam orar assim:

"Pai nosso, que estás no céu!
Santificado seja o teu nome.
Venha o teu Reino; seja feita a tua vontade
assim na terra como no céu.
Dá-nos hoje o nosso pão de cada dia.
Perdoa as nossas dívidas,
assim como perdoamos aos nossos devedores.
E não nos deixes cair em tentação,
mas livra-nos do mal,
Porque teu é o Reino, o poder e a glória para sempre.
Amém" (Mateus 6:9-13).

Tudo o que Jesus fez foi para que nós pudéssemos dizer: "Nosso Pai". Jesus instruiu-nos a orar focando em quem Deus é e declarando que o Seu Reino venha e a Sua vontade seja feita na terra assim como ela é feita no céu. Esta é uma oração poderosa até hoje porque quando você vê as coisas através dos olhos de Deus, nada é impossível. O foco é o Seu reino, o que Deus pode fazer e sobre como tudo muda quando Ele se revela. Esta oração enfatiza muitos princípios do reino como filiação, perdão, provisão de Deus, santidade, poder e glória. Entretanto, essa oração também enfatiza nossa responsabilidade quando pedimos para Deus nos perdoar, assim como nós perdoamos aos outros. Orar não é só entregar tudo para Deus, mas também tomar responsabilidade, pelo que nós podemos e devemos fazer. Quando nós fomos restaurados, o poder das nossas palavras também o foi. Nós agora somos parceiros de Deus, para estabelecer o Seu reino através das nossas orações, da mesma forma como Jesus o foi.

Nossas orações têm o poder de mudar as coisas. Através delas, nós podemos declarar coisas boas sobre pessoas, cidades e circunstâncias, abençoando e trazendo mudança através das nossas palavras, desde que em acordo

Oração

com a palavra de Deus. Nós podemos orar para as pessoas serem curadas, libertas de demônios, guiadas à salvação e até mesmo ressuscitadas dos mortos. O Reino do céu é o nosso limite. Ouse acreditar em Deus para o impossível. Essa é a Sua especialidade!

Capítulo 9

Adoração

"No entanto, está chegando a hora, e de fato já chegou, em que os verdadeiros adoradores adorarão ao Pai em espírito e em verdade. São estes os adoradores que o Pai procura."
João 4:23

Logo que eu [Jamie] me tornei Cristão, eu sempre me perguntei por que as pessoas cantavam tanto sobre como Deus é digno de louvor ou sobre a Sua fidelidade ou bondade. Eu dizia a mim mesmo: "Eu tenho certeza que Ele sabe que Ele é digno. Ele é Deus". Somente mais tarde quando eu tive um pouco mais de relacionamento com Deus que eu entendi o propósito de cantar para Ele desta forma. Com o passar do tempo, eu percebi que Ele era a pessoa que sempre estava lá e era quem sempre me ajudava em qualquer situação. Eu concluí que Ele é digno de ser louvado. Eu tive uma experiência que fundamentou a minha crença de que Ele é bom e fiel. Anos depois, eu descobri que é de vital importância agir baseado no que eu creio antes de ter a experiência, não o contrário. Se nós adoramos a Deus baseados nas circunstâncias do momento, nós nunca vamos experimentar a plenitude do poder de Deus em nossas vidas em momentos difíceis.

Em Gênesis capítulo 22, a Bíblia conta a história de Abraão subindo à montanha para sacrificar seu filho Isaque, pois Deus lhe disse para fazê-lo. Isso é obviamente a coisa mais difícil que alguém poderia pedir, sem mencionar que este era o filho que Deus havia prometido a Abraão, embora ele e sua esposa tivessem passado da idade de ter filhos. Abraão, sem hesitar, partiu cedo pela manhã numa jornada de três dias. Interessantemente, no verso 5, Abraão disse aos homens com ele que ele iria com seu filho à montanha para *adorar*, mas eles voltariam. Abraão mentiu quando disse que iria adorar e que eles voltariam? Ou ele teve tanta fé em quem Deus é que ele sabia que Ele iria intervir? Eu creio que Abraão sabia quem seu Deus era e que mesmo que ele sacrificasse seu filho, Deus poderia até ressuscitar o menino dos mortos. Felizmente, Deus enviou ajuda e parou Abraão antes que ele fizesse qualquer coisa. Ele proveu um carneiro para ser sacrificado no lugar de Isaque. Quando Abraão disse aos

Adoração

homens que eles iriam adorar, esta foi a primeira vez que esta palavra foi usada na Bíblia. Muitas vezes, a forma como a palavra é usada pela primeira vez estabelece o seu significado. Aqui, Abraão estava realmente indo *adorar*. Ele estava sendo fiel e contando com Deus para simplesmente ser quem Ele é. Abraão sabia que Deus era bom todo o tempo, que ele tinha o melhor para ele e que seu amor e suas promessas nunca falham.

Adorar vai além de cantar canções ou tocar violão. É um estilo de vida diário. Seja cantando uma canção, trabalhando, indo à escola ou passando tempo com nossa família, adorar é fazer tudo isso de uma maneira que demonstra a nossa fidelidade a Deus e também conta com a demonstração da fidelidade e bondade dele. É viver para Deus da melhor maneira que podemos e confiar nele para nos dar sabedoria e força além de nós mesmos, pelo poder do Espírito Santo vivendo em nós.

Trazendo para termos mais específicos, adorar a Deus tem muito mais poder e faz muito mais do que imaginamos. Primeiro, a adoração traz a presença de Deus e todo o seu amor e alegria para onde nós estamos. A adoração também abre os céus para Deus batalhar por nós. Há uma situação descrita em 2 Crônicas 20 onde Deus literalmente lutou a batalha pelo povo enquanto eles cantavam e o adoravam. Depois que Deus terminou, eles foram até a cidade e carregaram todos os tesouros. É assim também quando o Diabo tenta nos falar mentiras ou trazer coisas como medo e vergonha sobre nossas vidas. Essas coisas não nos pertencem e quando adoramos a Deus, tudo isso voa pela janela. Nós cantamos sobre Deus e nos lembramos de quão maravilhoso Ele é e como é tão extraordinário que ele está a nosso favor e não contra nós. Isso significa que nós sempre temos a vitória com Deus e podemos cantar com alegria. Nós começamos a ver as coisas sob a luz de quão grande Deus é, não de quão grandes são os nossos problemas.

Capítulo 10

Lendo a Bíblia

"Toda a Escritura é inspirada por Deus e útil para o ensino, para a repreensão, para a correção e para a instrução na justiça, para que o homem de Deus seja apto e plenamente preparado para toda boa obra." 2 Timóteo 3:16-17

Quando eu [Letícia] comecei a ler a Bíblia pela primeira vez, eu decidi começar pelo início do Novo Testamento. O que parecia uma boa ideia, logo me deixou perdida. Se qualquer um de vocês já começou pelo livro de Mateus, você sabe que ele vem com uma lista longa da genealogia de Jesus. Todas aquelas pessoas de quem eu nunca ouvi falar, com nomes que eu mal podia pronunciar, não me deixaram interessada nem fizeram sentido algum para mim no momento. Mais tarde eu decidi ler a Bíblia toda. Depois de ler tudo, eu pude dizer que havia lido toda a Bíblia, mas não podia dizer que entendi muito. Com isso em mente, nós decidimos lhe falar o básico que você deveria saber sobre a Bíblia antes de aventurar-se a ler.

A Bíblia foi escrita sob a inspiração do Espírito Santo por mais de 40 autores diferentes com variadas histórias de vida e ocupações. Mesmo com todos estes diferentes autores, a Bíblia é um livro muito coeso e unificado. Ela foi canonizada (medida pelo padrão ou teste de inspiração divina e autoridade) em sua completude antes do ano de 375 d.C. e é a base para a fé Cristã desde a Igreja Primitiva e os Apóstolos. Ela contém 66 livros, divididos em Antigo e Novo Testamento.

A palavra Testamento significa aliança ou contrato. O Antigo Testamento contém 39 livros. Os primeiros cinco livros foram escritos por Moisés e são também chamados de Pentateuco – a fundação da Bíblia. O Antigo Testamento apresenta Deus como o Criador e Senhor. Ele conta a história do povo de Israel quando eles começaram seu relacionamento com o Senhor, aprendendo a obedecer e andar com Ele. O Antigo Testamento é marcado por mandamentos, guerras, erros cometidos pelo povo de Israel e a fidelidade de Deus. Ele também documenta os mais maravilhosos milagres, como carruagens de fogo, mortos

Lendo a Bíblia

ressuscitando, o mar se abrindo, e até mesmo muros caindo enquanto o povo cantava a Deus. A ideia principal deste testamento é demonstrar o poder do pecado, como ele entrou no mundo e criou a necessidade de um Salvador. O resultado do pecado é a morte e, conseqüentemente, o povo de Israel tinha que matar animais como um sacrifício diante de Deus para purificação de seus próprios pecados. O povo não conseguia se livrar do pecado por si mesmo e, ao invés de tentar se aproximar o máximo possível de Deus, eles escolheram os mandamentos, também conhecidos como Lei, o que não tinha o poder de libertá-los. Vivendo debaixo do poder do pecado tornou mais difícil para eles conhecerem a Deus por quem Ele realmente é. Então, depois de um período de 400 anos de silêncio entre os profetas, que declaravam as palavras de Deus ao povo, a promessa de um Salvador se tornou viva em Jesus Cristo.

    O Novo Testamento começa com Jesus e termina com a Igreja vivendo poderosamente com o Espírito Santo. Ele contém 27 livros. Os primeiros quatro livros são chamados de "Evangelhos". Eles contam a história de Jesus quando Ele viveu na terra, morreu e ressuscitou, comissionando Seus discípulos a falar das boas novas a toda criatura, em todo o mundo. No livro de Atos e nos seguintes, nós podemos ver a Igreja de Cristo nascida através do Espírito Santo e se espalhando pelo mundo conhecido da época. O Novo Testamento mostra a fidelidade de Deus em se tornar homem e morrer pelos nossos pecados para que nós pudéssemos ser restaurados a um relacionamento com Ele. Não há mais necessidade de sacrifícios. Agora há liberdade da escravidão. Jesus veio para demonstrar quem Deus é realmente, vivendo em nosso meio e demonstrando o poder de ter intimidade com nosso Criador, de agora em diante também conhecido como Pai!

Jesus elevou o padrão estabelecido pela Lei. A Lei focava em atitudes e comportamentos das pessoas, trazendo consequências físicas. Entretanto, o foco de Deus era, na verdade, o coração das pessoas. Então Jesus nos disse que até mesmo pensando sobre algo e imaginando um mau comportamento nós estaríamos pecando. E para nos ajudar com isso, Deus enviou o Espírito Santo e nos disse que Ele nos daria a mente de Cristo e que nós deveríamos renovar os nossos pensamentos. A partir de Jesus, tudo o que necessitamos para viver uma vida santa e poderosa com Deus já nos foi dado. E isso vem de uma parceria com Deus e em

Lendo a Bíblia

deixá-lo entrar em nossos mais profundos pensamentos, sentimentos e medos.

Durante todo o Seu tempo de ministério, Jesus teve muita oposição, especialmente dos líderes religiosos da época, porque eles não conseguiam entender como um Deus tão santo e poderoso, poderia se humilhar desta maneira, tornando-se homem, morrendo numa cruz e ressurgindo dos mortos. É tudo muita loucura, embora muitos profetas tenham anunciado a eles que isto aconteceria. Algumas vezes nós falhamos em reconhecer quem Deus é, porque nós pensamos que Ele vai se apresentar da mesma forma que estamos acostumados.

Então antes de você começar, aqui estão algumas coisas que você precisa saber sobre o Novo Testamento. O melhor lugar para começar é por um dos evangelhos porque eles nos dão um entendimento sobre Jesus, Deus Pai e o Espírito Santo como nenhum outro livro. Eles são diferentes, embora contenham, em sua maior parte, as mesmas histórias. Cada um deles foi escrito para um determinado grupo de pessoas para revelar a Jesus como o Messias, o Servo, o Salvador, o Rei e o Deus.

O livro de Mateus foi escrito com os Judeus em mente. Esta é a razão porque ele inicia com a genealogia de Jesus para provar que ele é o Messias prometido por Deus ao povo de Israel. Mateus demonstra como a vinda de Jesus apontava para todas as promessas e profecias no Antigo Testamento. É um grande livro, mas pode ser difícil começar por este, a não ser que você seja Judeu e conheça o Pentateuco e os livros dos Profetas. Uma vez que você entenda um pouco mais sobre o antigo Testamento, o livro de Mateus se torna mais prazeroso de ler.

O livro de Marcos foi escrito para os Cristãos Gentios e Romanos (não Judeus). Ele enfatiza Jesus como o Perfeito Servo do Senhor, como Aquele que ativamente serviu as necessidades do povo e também morreu pelos nossos pecados. O propósito central deste livro é prover uma proclamação de redenção oferecida através de Jesus. Marcos, ou João Marcos, escreveu este livro baseado nas memórias de Pedro. Ele mostra de uma forma concisa, a história de redenção conquistada através da obra de reconciliação realizada por meio de Jesus Cristo. Marcos enfatiza a autoridade de Jesus como Mestre, sobre Satanás e espíritos impuros, sobre o pecado, o Sábado, a natureza, as doenças, a morte, as tradições legalistas e o templo. Se você começar por este livro, você vai ter uma visão sucinta da vida e ministério de Jesus e possivelmente ficará empolgado para ministrar a outros.

Lucas escreveu seu evangelho para prover um relato histórico, compreensivo e acurado sobre o ministério de Jesus, estabelecendo o Cristianismo como um movimento religioso sem intenções de se levantar contra os líderes políticos da época. Lucas apresenta Jesus não como um mero Messias Judeu, mas como o Salvador do mundo, enfatizando como Ele se dirigiu a todas as pessoas, não somente aos Israelitas. O evangelho de Lucas foi escrito para a alta classe de Gregos e Romanos. É um livro extremamente histórico, acurado e inteligente. Ele está focado em fatos e evidências, mas também enfatiza a oração, a alegria e especialmente o poder do Espírito Santo. Este é um bom livro para começar para aqueles que gostam de fatos históricos, descrições e estão sempre curiosos para saber mais.

E por último, mas não menos importante, nós temos o livro de João, meu preferido. João escreve para dar aos Cristãos da província da Ásia (hoje parte da Turquia moderna) um entendimento mais completo da vida e ministério de Jesus. Embora João soubesse sobre os outros três Evangelhos, ele decidiu não seguir uma ordem cronológica de eventos, mas sim uma ordem tópica. O seu objetivo é guiar os leitores a uma fé fundamentada com base nas palavras e obras de Jesus com o resultado de que eles "tenham vida eterna em Seu nome (20:31)". Esta é uma das razões porque ele enfoca os discursos mais do que os milagres. João ressalta a soberania e o amor de Deus ao enviar Jesus. Ele descreve Jesus como a perfeita revelação de Deus, especialmente Seu amor, glória e poder. Este Evangelho enfatiza, mais do que outros, um relacionamento pessoal com Jesus que é baseado em fé nele e em sua morte sacrificial. Eu recomendaria começar por este livro, mas você pode escolher qualquer um deles, porque todos são bons.

Ler a Bíblia é outra forma de conhecer a Deus, diferente de orar e adorar. Isso ajuda você a construir uma fundação para o que você acredita. Enquanto você lê, é muito importante prestar atenção no contexto e na razão porque determinado texto foi escrito. Busque ao Senhor para obter respostas, mas também procure em outros livros. A Bíblia não é um livro místico vazio de razão. Pelo contrário, ela dá um relato histórico acurado de muitas coisas.

Lendo a Bíblia

Assim como tudo na vida Cristã, você não deve fazer isso sozinho. É com a liderança do Espírito Santo que as palavras da Bíblia podem realmente mudar você de dentro para fora. Alguns livros usam muitas metáforas e parábolas para explicar assuntos sem obviedade. Não se frustre, porque como diz em Provérbios 25:2: "A glória de Deus é ocultar certas coisas; tentar descobri-las é a glória dos reis". Deus não está escondendo coisas de nós, mas sim para que nós as encontremos. Não tente entender todas as coisas na primeira vez que você ler, mas tenha a certeza de que com a ajuda do Espírito Santo, aquelas palavras se tornarão vivas, alimentarão a sua alma e mudarão o seu coração e mente. Unir-se ao Espírito Santo para encontrar os tesouros da Bíblia dará a você grandes chances de sucesso e tornará a aventura de conhecer a Deus ainda mais empolgante!

Capítulo 11

Indo à Igreja

"Assim também em Cristo nós, que somos muitos, formamos um corpo, e cada membro está ligado a todos os outros." Romanos 12:5
"Alegrei-me com o que me disseram: 'Vamos à casa do Senhor.'" Salmo 122:1

A palavra Igreja vem de *ekklēsia*, um termo em Grego antigo que se refere a um povo de um reino que é chamado para cumprir o seu papel de cidadãos responsáveis; um grupo de pessoas que se reúne num lugar, e também a todos os Cristãos de todas as épocas que seguiram ou seguem a Jesus Cristo como seu Senhor e Salvador. A primeira vez que essa palavra foi usada foi em Mateus 16:18, Jesus estava declarando a Pedro o começo da companhia daqueles que crêem fundamentados na verdade de que Jesus é o Cristo, o Filho do Deus vivo.

A Igreja começou no dia de Pentecostes com a vinda do Espírito Santo sobre os Cristãos que estavam orando juntos. Logo, três mil pessoas foram salvas e eles tiveram que se reorganizar numa comunidade entre aqueles que creram, para ajudar uns aos outros em sua nova vida. Nesses tempos iniciais havia somente uma Igreja, mas quanto mais as pessoas foram sendo salvas pelo mundo todo, as coisas começam a mudar. Hoje, nós temos inúmeras congregações com diferentes organizações, valores e rituais. O que nos faz Um é a nossa crença de que Jesus Cristo é o Senhor e Salvador, o filho de Deus que se tornou homem, morreu pelos nossos pecados e ressuscitou ao terceiro dia, e que o Espírito Santo foi enviado para nos ajudar a nos tornarmos Sua Igreja.

A Igreja é também chamada de Corpo de Cristo, do qual Jesus obviamente é o cabeça. Isso significa que nós representamos a Jesus em tudo o que somos e fazemos, assim como Ele representou o Pai quando estava entre nós. Nós somos parte do mesmo corpo, portanto, nós devemos ajudar uns aos outros. A principal razão porque Jesus nos disse para andarmos juntos é de sermos suporte um para o outro. Se algum de nós é mais fraco, o outro mais forte pode ajudá-lo, se um cair o outro o levanta e assim por diante.

Andarmos juntos como um corpo é parte da oração de Jesus por nós. Sermos Sua Igreja significa mais do que

Indo à Igreja

somente estarmos juntos para adorar, aprender e ter comunhão. É parte de exercitar sermos um ajudar um ao outro, crescer juntos espiritual e emocionalmente. No livro de Provérbios 27:17 fala que: "Assim como o ferro afia o ferro, o homem afia o seu companheiro". Isso demonstra que nem sempre é agradável estar perto das pessoas, mas nos ajuda a crescer.

Sermos um não significa que temos que ser exatamente uns como os outros, que pensamos da mesma forma, usamos as mesmas roupas e cremos nas mesmas coisas. Simplesmente significa que nós temos Jesus como o centro das nossas vidas e queremos andar juntos. Nem sempre nós vamos concordar uns com os outros, mas isso não é ruim, porque famílias não são baseadas em acordo, mas em amor.

Quando Jesus e o Espírito Santo iniciaram a Igreja, o centro de tudo não era a doutrina, e sim Jesus. Então a razão para ir à igreja não deveria ser porque nós concordamos com o que eles acreditam, mas porque encontramos um senso de família, estamos prontos para servi-los com nossa vida e sermos afiados por eles, mesmo que isso possa doer. Quando desistimos do direito de estarmos certos, nós nos tornamos capazes de passar tempo com pessoas que não pensam da mesma maneira nem crêem nas mesmas coisas que nós. É bem mais fácil ser a Igreja de Cristo quando fazemos isso. Entretanto, as congregações hoje em dia têm suas próprias regras que eles podem apontar na Bíblia, mas que não foram necessariamente ressaltadas por Deus. Certifique-se de que você poderá viver pelas regras da congregação antes de se comprometer com ela. É sábio tomar algum tempo para aprender sobre as crenças e valores da congregação que você faz parte. Se você pensa que essas regras lhe impedirão de crescer, repense a sua decisão de se comprometer.

Há também algumas congregações que compartilham dos mesmos valores que expusemos aqui, mas que têm rituais, crenças e práticas que não estão de acordo com a Bíblia. Tenha cuidado com estas. Por exemplo, nós não devemos crer ou orar para ídolos e santos, porque todos nós fomos feitos santos através do sacrifício de Jesus e Ele é o único caminho para Deus, não há necessidade de intermediários em nosso relacionamento. Estas são coisas que você pode pesquisar por você mesmo na Bíblia.

Escolher uma igreja é como escolher uma família da qual fazer parte. Você pode namorar quantas igrejas quiser, mas não se aproveite delas e não foque seu coração em seus

Indo à Igreja

benefícios. Busque um lugar em que você encontre paz. Procure uma família que você possa servir e ajudar. Procure um lugar em que você se sinta participante. Descubra os seus valores centrais. Tenha em mente que você está procurando um lugar para se comprometer, não somente visitar de vez em quando. Conheça as pessoas e deixe-os conhecer você. Conheça os líderes e descubra o que está no coração deles pela congregação e por você. Este é o único momento na sua vida que você vai poder escolher o seu líder, que estará no lugar de seu pai na fé. Deixe o Espírito Santo participar de sua decisão, inclua sua família e deixe que eles dêem a sua opinião sobre para qual Igreja você deve ir.

Nós encorajamos você a não ter medo de tomar uma decisão e se comprometer com uma igreja. Você não precisa passar o resto da vida na mesma congregação, as circunstâncias mudam, e você também tem liberdade para mudar. Deus conhece o seu coração e o Espírito Santo está com você para guiá-lo neste processo.

Saiba, porém, que no final das contas, a decisão é totalmente sua de freqüentar uma igreja e de escolher qual a igreja. É de vital importância para a sua vida como Cristão que você tenha uma comunidade de pessoas que compartilham os mesmos valores, sentimentos e experiências. Quando você se comprometer, tenha a expectativa de crescer em fé, força e poder. Você experienciará a oração de Jesus se tornando realidade em sua vida.

Ser a Igreja de Cristo é ser Seu representante, Seu embaixador neste mundo. Nós comumente chamamos o lugar onde nos encontramos de igreja, mas verdadeiramente, nós é que somos a Igreja. Nós somos o corpo, e qualquer coisa que fazemos se reflete em como as pessoas vêem e experienciam a Deus. A visão de Jesus para a Igreja é que nós sejamos um assim como Ele é um com Deus, que nós nos movamos em poder assim como Ele se moveu em poder com o Espírito Santo e que nós manifestemos o Reino de Deus onde quer que formos.

Vamos orar:

Nós oramos que Deus abençoe você para encontrar uma igreja maravilhosa onde você experimente um sentimento de pertinência e crescimento. Nós liberamos sabedoria sobre você para que saiba aonde ir e se comprometer e oramos que você aprenda a honrar os líderes e a igreja onde você for. Nós pedimos que Deus lhe dê um lugar onde você seja livre para

Indo à Igreja

crescer rapidamente com Deus e ser desafiado em sua fé em arriscar-se com Deus e mover-se em nome de Jesus. Amém.

Capítulo 12

Dízimos e Ofertas

"Que Deus tenha misericórdia de nós e nos abençoe, e faça resplandecer o seu rosto sobre nós, para que sejam conhecidos na terra os teus caminhos, a tua salvação entre todas as nações."
Salmo 67:1-2

Dinheiro é realmente algo importante e muitas igrejas falham em falar sobre o assunto. Então, vamos mudar isso agora! A Bíblia fala sobre todas as questões essenciais em nossas vidas porque Deus se importa com todas elas e quer nos ajudar a sermos bem sucedidos em tudo. Assim como sexo, moralidade, adoração e perdão, dinheiro é algo importante com o qual precisamos aprender a lidar e fazê-lo trabalhar a nosso favor. O desejo de Deus é que nós aprendamos a reinar sobre nossas circunstâncias e necessidades, e não o contrário.

Desde o início, a Bíblia ensina sobre dinheiro, nos falando como lidar com o fruto do nosso trabalho, seja com o resultado da colheita (agricultura) ou outra forma de pagamento. A maior questão não é dar todo o nosso dinheiro a Deus porque Ele quer que sejamos pobres e humildes, pelo contrário, humildade está no reconhecimento de que Deus é o nosso provedor, e o dinheiro é somente uma das formas pelas quais Ele faz isso. As pessoas saberão que temos um bom Deus porque elas verão as suas bênçãos sobre nós. Foi assim que os egípcios reconheceram o Deus de José, que os ajudou a administrar todas as riquezas do Egito.

Dizimar significa que estamos declarando que Deus é nosso provedor, que nós não servimos ao dinheiro, mas que o dinheiro serve a nós. Dízimos sempre estiveram relacionados à bênção de Deus sobre aqueles que o davam. Não é um jeito de manipular a Deus para nos dar mais, mas uma maneira de reconhecer que Ele é quem nos faz prosperar, até mesmo financeiramente. Quando declaramos que Ele é nosso provedor, Ele responde com bênçãos sobre bênçãos. Novamente, isso se refere ao modo como nos relacionamos com Deus, e não sobre quão ricos nós somos.

Dinheiro nunca deveria direcionar nossos relacionamentos e nosso coração. Desde Caim e Abel, nós podemos ver que trazer uma oferta a Deus era uma

Dízimos e Ofertas

demonstração de gratidão. Eles trouxeram o que veio primeiro e o melhor de sua colheita e gado, ou era isso que deveriam ter feito, porque Caim falhou em dar o melhor. Como resultado, Caim se encheu de inveja e ódio por seu irmão, enquanto Deus se alegrou com a oferta de Abel.

A prática de ofertar as primícias tornou-se comum entre aqueles que conheciam a Deus e tinham relacionamento com Ele. Abraão foi o primeiro a dar o dízimo a Deus, dando um décimo do que ele tinha a Melquisedeque, rei de Salém e sacerdote diante de Deus. Mais tarde, Jacó decidiu fazer o mesmo após ter tido um encontro com Deus. Dizimar é uma declaração de gratidão ao Senhor, reconhecendo-o como o Provedor. Foi somente quando a Lei foi estabelecida através de Moisés que dizimar tornou-se uma prática entre todo o povo de Israel.

A Lei instituiu a obrigatoriedade do dízimo. O dinheiro, a colheita, os animais e as riquezas que vinham através dos dízimos das pessoas iam para os depósitos, para abençoar as pessoas que mantinham o templo e sustentá-los. O dízimo nunca foi questionado entre o povo Hebreu, porque eles entendiam que este era um ato de submissão a Deus, o que eles aprenderam também através da circuncisão e de guardar o Sábado. A Lei reforçava um comportamento, mas não lidava com a disposição do coração.

Quando Jesus veio, entretanto, Ele confrontou aqueles que davam dízimos de coisas materiais, mas falhavam em dar misericórdia, justiça e amor. Jesus não aboliu o dízimo, ao invés, ele elevou o padrão afirmando que não era suficiente dar bens materiais, mas que deveríamos também estender misericórdia, justiça e amor para aqueles ao nosso redor. Através de todo o Novo Testamento, o padrão de dar dízimos e ofertas foi elevado. Quando os discípulos e novos cristãos se juntaram, eles venderam todos os seus bens e compartilharam entre si de acordo com a necessidade de cada um. Dar ofertas e dízimos não é mais uma lei. Depois de Jesus, esta prática retornou ao lugar de declaração de gratidão e honra a Deus por Sua provisão.

Há bênção em saber de onde a sua provisão vem e honrar a quem merece honra. Deus é o Provedor e Ele quer nos ensinar a sabedoria de administrar o que temos para que possamos experimentar prosperidade. Jesus ensinou isso através da parábola dos talentos (dinheiro da época). Um homem chamou seus servos e a um ele deu dez talentos, a outro cinco talentos e a outro somente um, para que eles

Dízimos e Ofertas

administrassem os seus bens enquanto ele viajava. O que recebeu dez talentos cuidou deles e multiplicou-os. O que recebeu cinco talentos agiu da mesma forma dobrando a sua quantia, mas o que recebeu somente um teve medo do seu mestre e o enterrou. Quando o mestre retornou de viagem ele recolheu os seus bens. O homem, que teve medo, devolveu a mesma quantia que lhe foi dada e foi considerado um servo mau. Os outros foram recompensados e ele foi punido. Esta é uma lição sobre administração. Deus quer que aprendamos a usar o que nos é dado e multiplicar ao invés de ter medo e simplesmente segurar o que temos.

A Bíblia nos adverte sobre o amor ao dinheiro, que aparece quando o dinheiro se torna mais importante para nós do que Deus. Ela nunca diz que ter dinheiro, ser rico, ou ter muitos bens é mau, é o que você faz com o dinheiro e o lugar que ele ocupa em seu coração que precisa de cuidado. Seja o que for que tome o lugar de Deus em nosso coração, dinheiro, família, amigos, amantes ou ídolos, trará consequências ruins à nossa vida. Nós fomos feitos para adorar alguém ou algo e se Deus não está neste lugar, você se torna escravo do que está adorando.

A generosidade é algo que no coração de Deus e é também um sinal de que não amamos mais ao dinheiro do que às pessoas. Se virmos alguém em necessidade, a instrução de Deus é que o ajudemos. Juntamente com generosidade, porém, nós também precisamos ter sabedoria para discernir quando, quanto e como ajudar. Não importa o quão convincente o pregador que está dando o sermão seja, se Deus não lhe falar para dar tudo, não o faça. A sabedoria está em seguir a voz de Deus e discerni-la.

Prepare-se para administrar o seu dinheiro. Se você já está em dívidas, busque ao Senhor por estratégias para sair das dívidas e voltar a ter um bom crédito. Deus não tem dívida nenhuma e nem você deve ter. Dê com alegria e de forma extravagante, mas de acordo com as suas possibilidades.

Algumas igrejas possuem regras diferentes sobre dízimos e ofertas. Certifique-se de que você as conheça antes de se comprometer com a instituição. A instrução da Bíblia sobre dízimo, obtida no Antigo Testamento, é que você deve dar dez por cento de sua renda a Deus, neste caso à igreja, ou conforme instruído pelo Senhor ou por seus líderes. Nós podemos dar até dez por cento ou mais, mas se não

Dízimos e Ofertas

concordamos com isso, primeiro precisamos resolver isso com Deus em oração. Busque ao Senhor quanto ao que você deve fazer e como, o que o impede de dar o seu dinheiro e confiar que Deus suprirá as suas necessidades. Certifique-se, porém, de que a sua razão para não dizimar e ofertas não seja porque você tem dúvidas de que Deus proverá para você ou porque você realmente gosta do seu dinheiro e não quer dá-lo a nenhuma igreja.

Em Malaquias 3:10 diz: "Tragam o dízimo todo ao depósito do templo, para que haja alimento em minha casa. Ponham-me à prova" diz o Senhor dos Exércitos, "e vejam se não vou abrir as comportas dos céus e derramar sobre vocês tantas bênçãos que nem terão onde guardá-las". Esta é uma das únicas coisas que Deus diz para o testarmos. Ele está pronto para derramar suas bênçãos sobre você e nós o encorajamos a buscar isso. Não deixe que as experiências que você vê ou ouve sobre pastores não usando seu dinheiro de forma sábia lhe impeçam de ser abençoado. É o trabalho de Deus lidar com eles e nós não devemos deixar as más escolhas de outras pessoas roubarem a bênção de Deus sobre a nossa vida. Se você quiser, você pode orar sobre o seu dinheiro para que ele seja usado com sabedoria e declarar que suas dívidas estão pagas e que Deus irá surpreendê-lo.

É a boa administração do que Deus nos dá que nos prepara para receber mais. Aprender a lidar com dinheiro é uma lição muito importante que todos nós devemos aprender. Esta é outra maneira de honrar a Deus e de representá-lo aqui na terra. Quando Deus derramar as suas bênçãos sobre nós, o mundo saberá que somos Seu povo e que Ele é o nosso Deus.

Capítulo 13

A Vida no Reino de Deus

"Pois o reino de Deus é .... justiça, paz e alegria no Espírito Santo." Romanos 14:17
"Pois o reino de Deus não consiste em palavras, mas em poder." I Coríntios 4:20

Viver no reino de Deus é um modo maravilhoso de viver a vida. Neste reino, Jesus é o Rei. Você também é rei porque agora você é filho ou filha de Deus. É por isso que Jesus é chamado de "Rei dos reis". Se você procurar no livro de Gênesis, ele mostra que nós fomos criados para ter autoridade na terra. Com este poder vêm grandes responsabilidades. O nosso trabalho é levar o reino para onde quer que formos. Isso significa que, em nossa vida diária, nós representamos Jesus a quem quer que encontremos e estendemos vida a essas pessoas. Isso não significa que temos que evangelizar e pregar o evangelho para todos que passarem por nós durante o dia. Quer dizer, no entanto, que o nosso objetivo é simplesmente amar, seja da maneira como for, porque Deus é amor.

O reino de Deus tem sua estrutura baseada em valores e relacionamento. Alguns desses valores são: honra, humildade, integridade, alegria e amor.

Honra é algo extremamente poderoso, mas que muitas pessoas parecem subestimar. O quinto mandamento "honre seu pai e sua mãe" é o primeiro mandamento seguido por uma promessa. Ele fala que se você honrar, você será abençoado e terá uma vida longa. Este é o segredo de dar honra. Ela abre as portas para você receber vida e bênção. Procure seu pai ou mãe, um amigo, um professor ou um pastor e busque meios de honrá-los e você logo descobrirá que isso é verdade. Quando não honramos alguém, nós fechamos a porta para qualquer coisa boa que poderíamos receber deles, assim como a possibilidade de influenciá-los de uma forma positiva.

Algumas vezes, encontramos pessoas que não gostamos, com quem não concordamos e que nos fazem se sentir mal. Nestes casos, temos que exercitar nosso autocontrole para não receber nada que seja tóxico para nossas vidas, mas buscar honrá-los independentemente, pois

A Vida no Reino de Deus

isso não nos exime honrar alguém. O que nós precisamos perceber é que ser honrado não tem se refere aos outros, mas sim a quem nós somos. O nosso padrão de honra não muda baseado no que as outras pessoas estão fazendo. É isso que nos torna grandes. Algumas maneiras práticas de honrar alguém começam com nossos pensamentos e escolhendo amar acima de concordar. Outras formas seriam dar palavras de encorajamento para alguém, celebrar alguém por suas qualidades, ouvir o que a pessoa tem a dizer e valorizar o que a pessoa pensa. Estas são ótimas formas de começar a honrar outros.

Humildade é provavelmente um dos valores mais mal entendidos no reino de Deus. Ser humilde é ver a si mesmo como você realmente é, nem mais nem menos. Não é diminuir-se nem exaltar-se em orgulho. Nós precisamos nos ver sob a luz do que Jesus já fez 2000 anos atrás. Ele nos deu valor e nos chamou de filhos de Deus. Dizer que não somos bons o suficiente ou que somos pobres pecadores é dizer que o que Deus criou é um lixo. Não faz sentido quando vemos sob a perspectiva de que Ele morreu por nós. Na Bíblia, é dito que Moisés foi a pessoa mais humilde entre o povo de Deus. O fato engraçado é que foi o próprio Moisés quem escreveu isso. Ele estava falando a verdade porque ele sabia que fomos criados para grandeza e que somos filhos e filhas reais debaixo da autoridade e poder de Deus. Saber que tudo isso somente é possível com Deus e por causa de Deus é a chave para a humildade.

Integridade é outro valor do reino que foi conquistado para nós na cruz. Jesus viveu uma vida íntegra para nos mostrar que é possível viver assim, uma vez que o Espírito Santo está em nós. Integridade constitui uma firme aderência a um código moral ou artístico, em outras palavras, significa que somos incorruptíveis. Este é o padrão de Deus para nós, que não somente estejamos livres de condenação porque fomos libertos do pecado, mas também porque levamos nossa vida de um jeito que honra a Deus. Foi pela falta de integridade que Judas traiu a Jesus por algumas moedas. Ele perdeu a visão do padrão de retidão que Jesus lhe havia ensinado. Ter integridade também significa que somos inteiros, completos com Deus. Significa que não mais mentimos, porque estamos fundamentados na verdade. Não mais roubamos ou tomamos emprestado sem permissão, porque sabemos que se temos necessidade de qualquer coisa Deus é o nosso provedor. Nós não mais tiramos vantagem de

A Vida no Reino de Deus

outros que pensamos ter mais do que merecem ou ter o que nós pensamos que nós deveríamos possuir, porque sabemos que Deus é quem nos recompensa e, se tomarmos a justiça em nossas próprias mãos, não será mais justiça. Integridade significa que você olha para si mesmo e para o que você tem e você fica contente, você não tem necessidade de enganar ou tomar coisas dos outros. Você não tem falta de nada, porque seja qual for o vazio que você possa ter em sua vida, ele pode e será preenchido pela presença e amor de Deus. Você é pleno, puro, honesto e verdadeiro, assim como o seu Pai!

Quando você pensa em alegria, o que você vê? É uma risada, ser feliz, estar de férias na praia? O que eu realmente quero lhe perguntar é de onde vem a sua alegria? Se não vem primeiramente de Deus, a sua alegria vai depender das suas circunstâncias e de como você se sente no momento. Nós nos alegramos conversando com amigos, indo à praia, tendo roupas boas para vestir e todas essas coisas, mas mesmo em tempos em que estas coisas não estão ao nosso dispor, nossa alegria precisa estar baseada em Deus. Quando nossa alegria vem de Deus ela é permanente, sejam quais forem as circunstâncias em nossas vidas.

A alegria do Senhor é a nossa força. Quando nos sentimos fracos, a alegria em Deus nos dá forças porque nós prestamos atenção às promessas que Ele tem nos dado e em quão agradecidos somos pelo que temos. A alegria é uma arma espiritual. O Diabo odeia quando nos alegramos em tempos difíceis e quando rimos de suas mentiras, como que nós não somos bons o suficiente e que Deus talvez não seja tão bom quanto pensamos. Quando fazemos isso, a vitória vem sobre as nossas vidas. Simplesmente ria dessas mentiras acusadoras, sobre quem você é e sobre quem Deus é e comece a declarar a verdade sobre quão maravilhoso você é e como Deus nunca te abandona e Seu amor nunca falha. Ter alegria é também saudável para você. Quanto mais você ri, menos estresse tem e melhor é a circulação do seu sangue.

Amor é um valor central do reino que opera em todas as coisas. O amor perdoa multidões de pecados, lança fora todo o medo, é mais forte do que a morte, revela o coração de Deus, e nunca falha. Amor é uma escolha, não só um sentimento. Deus escolheu nos amar enquanto ainda éramos pecadores. Todos amam pessoas que os amam de volta, mas é necessário um comprometimento em amar quando lidamos com pessoas difíceis. O mundo já superou as antigas ameaças de inferno usadas para convencê-los a receber a salvação. O que o mundo precisa desesperadamente é do amor de Deus. Amor é primariamente um valor que perpassa todos os outros valores. O poder do amor nunca falhará em transformar as pessoas. Amar as pessoas é representar a Jesus. Amar, seja dizendo algo legal a respeito das pessoas, encorajar, ouvir, orar por cura, ou dizer o que significa ser salvo, muda as pessoas para sempre. Isso normalmente abre nossos olhos para o que é bom nas pessoas, e paramos de focar nosso olhar nas coisas ruins. Deus é amor, e quanto mais o conhecemos, mais nos tornamos como Ele.

Jesus falou à multidão para se arrepender, pois o reino de Deus estava próximo. Arrependimento significa mudar a sua mente sobre algo. Ele estava falando para mudarmos o modo como pensamos, renovarmos a nossa mente, porque o reino estava sendo manifesto. O que foi demonstrado como o reino? O reino veio onde o amor de Deus foi encontrado. Jesus se movia por amor, sinais, maravilhas e milagres, que o seguiam onde quer que Ele fosse. Ele perdoou pecados e curou os doentes. Ele demonstrou o que é verdadeira humildade porque Ele existia em forma de Deus, mas não considerou ser igual a Deus algo para ser usado em seu favor.

Pelo contrário, Ele nos considerou importantes o suficiente para tomar o nosso pecado sobre si mesmo e morrer em nosso lugar.

"Certa vez, tendo sido interrogado pelos Fariseus sobre quando viria o reino de Deus, Jesus respondeu: "O Reino de Deus não vem de modo visível, nem se dirá: 'Aqui está ele', ou 'Lá está'; porque o Reino de Deus está entre vocês" (Lucas 17:20-21). O que nós precisamos entender é que este reino não está somente no céu esperando por nós. Jesus nos ensinou a orar "Venha o Seu reino, seja feita a Sua vontade, assim na terra como no céu". Isto é o reino de Deus, e é para os dias de hoje. Quando Jesus morreu e ressuscitou e subiu ao céu como Rei dos reis, com toda autoridade que lhe foi dada, o reino começou! Então ore para que o reino venha e aja em fé para trazê-lo!

Capítulo 14

Testemunhos

"Então caí aos seus pés para adorá-lo, mas ele me disse: "Não faça isso! Sou servo como você e como os seus irmãos que se mantêm fiéis ao testemunho de Jesus. Adore a Deus! O testemunho de Jesus é o espírito de profecia." Apocalipse 19:10

Se você alguma vez já ouviu alguém lhe contar o que Jesus fez por ele, você ouviu um testemunho. Testemunhos são declarações do que você viu ou experienciou com Jesus. Imagine que você esteve presente quando alguém nasceu, você se tornou testemunha do seu nascimento. Da mesma forma, nós nos tornamos testemunhas de Jesus quando o vemos fazer algo em nossas vidas ou na vida de outras pessoas.

A palavra testemunho tem muitos significados diferentes usados por toda a Bíblia como: ação de testemunhar, testificar, declarar os propósitos de Deus em eventos futuros, cantar, relatar algo e também fazer novamente, repetir. O testemunho de Jesus Cristo é que Ele é o início e o fim. Ele é aquele que comprou nossa salvação derramando seu próprio sangue. Ele conquistou a nossa cura e tomou de volta o poder sobre a morte. Em Seu nome tudo pode ser mudado e o reino de Deus pode ser estabelecido na terra assim como ele é no céu.

Ele nos deixou encarregados de levar Seu testemunho. Nós somos aqueles que vão falar aos outros sobre quem Ele é e o que Ele faz. Nós somos o testemunho vivo do poder restaurador de Jesus, e quando as pessoas olham para as nossas vidas é isso o que elas vêem. Pode demorar certo tempo para você perceber a diferença em suas atitudes, pensamentos e sentimentos, mas Jesus está vivo e trabalhando em você para fazê-lo ser a melhor pessoa que você pode ser.

Toda a vez que as pessoas olham para a sua vida e percebem o que Jesus fez em você, ou escutam isso de você, eles recebem o testemunho de Jesus em suas próprias vidas. Somente recebendo o Seu testemunho recebemos o poder de que isso aconteça novamente na vida das pessoas. O testemunho não somente traz esperança à pessoa que escuta, ele também aumenta a fé de que se Deus fez isso em você, ele pode fazer isso na vida deles também.

Testemunhos

Nossos testemunhos são declarações de quem é Deus, de Seu poder e misericórdia, mas também o Seu desejo de fazer isso novamente. Afinal, Jesus não morreu somente por alguns, mas por todos, para que nós pudéssemos experimentar da bondade e poder de Deus. Então se você precisa aumentar a sua fé em alguma questão, simplesmente procure por pessoas que foram tocadas por Deus nessa área.

Nós, pessoalmente, vimos muitas pessoas serem curadas de doenças ditas incuráveis, mas sabemos que nada é impossível com Deus. Gostaríamos de contar-lhe algumas de nossas experiências para que você possa ser encorajado a crer em Deus para o impossível também. Eu [Letícia] fui salva quando tinha dezesseis anos. Depois de ouvir sobre o quanto Jesus me amava por quase um ano, eu finalmente parei de resistir e comprometi minha vida com Deus. Minhas circunstâncias não eram muito boas. Eu estava lutando contra meu terceiro episódio depressivo e pensamentos suicidas. Eu percebi que não podia vencer com minhas próprias forças e entreguei isso para Deus. Pouco tempo depois, eu ouvi que Deus podia fazer qualquer coisa, então eu lhe disse, se isso fosse verdade, então ele poderia me curar da depressão. Depois de alguns meses, eu retornei ao medico que atestou que eu estava bem, e eu poderia parar de tomar os remédios. Desde então, eu nunca mais experienciei nada como a depressão que eu tinha. Agora eu tenho um Consolador para momentos de tristeza, e ainda melhor, eu tenho Alguém que cura minhas emoções e meu corpo. Eu tive que aprender com o Espírito Santo a mudar os meus pensamentos, pois a única maneira que eu sabia viver minha vida era de um jeito deprimido. Eu comecei a fazer escolhas melhores, escolhendo melhores amizades, melhores ambientes e até mesmo me divertindo com Deus. A minha vida foi completamente restaurada. Até mesmo meu relacionamento com minha família tornou-se cem por cento melhor. Então eu posso confirmar, é verdade, Deus realmente pode fazer qualquer coisa!

Eu também tinha uma perna mais curta que a outra. Um dia numa reunião de negócios, um rapaz veio até mim e disse: "Você tem uma perna mais curta que a outra. Eu posso orar por você?" Então eu sentei numa cadeira, e era verdade, eu tinha uma perna mais curta que a outra. Eles oraram e ela cresceu diante dos meus olhos. Enquanto isso acontecia, tudo o que eu conseguia pensar era: "Isso não está acontecendo.

Testemunhos

Isso é impossível"! Novamente, Deus nunca pára de me impressionar com Sua bondade e poder.

Nós fomos a uma viagem missionária ao México e lá tivemos a oportunidade de orar por muitas pessoas. Eu tinha artrite e surdez na minha lista de doenças que eu queria ver pessoas sendo curadas. Nós oramos por uma senhora com artrite nas mãos e braços. Ela foi ao chão (ninguém a empurrou, nós não fazemos isso!). Ela parecia que estava tendo um momento com Deus. Quando ela abriu os olhos, eu perguntei se ela estava bem ao que ela respondeu: "Sim, eu não sinto nada", referindo-se à dor. Ela foi completamente curada de artrite e continuava movendo seus pulsos e braços e pulando de felicidade. Pouco tempo depois, nós encontramos outra senhora com o mesmo problema, então nós pedimos que a senhora que havia sido curada orasse pela outra que estava doente. A senhora doente também foi ao chão, e quando ela se levantou estava completamente curada também.

Mais tarde na viagem, eu tive a oportunidade de orar por uma senhora que não podia ouvir do ouvido direito e ouvia um pouco do ouvido esquerdo. Eu pedi a uma moça da igreja se ela poderia orar comigo pela senhora. Alguns minutos mais tarde, nós pedimos que ela testasse a sua audição, e a audição no ouvido esquerdo havia melhorado, mas nada ainda no ouvido direito. Oramos um pouco mais e pedimos que ela testasse novamente. A audição no lado esquerdo estava muito melhor e ela podia nos ouvir com o ouvido direito. Eu estava tão interessada em que ela fosse completamente curada que demorei a reconhecer que ela finalmente estava ouvindo com o ouvido direito. Deus é verdadeiramente o Deus do impossível!

Outra coisa que realmente moveu meu coração aconteceu quando fomos a um orfanato em La Paz. Havia muitas crianças, mas eu fui especialmente tocada por um menino que tinha diabetes. Eu sentei com ele e o abracei, mas era muito difícil fazê-lo sorrir. Eu brinquei com ele a maior parte do tempo que passamos lá. Partiu meu coração quando todas as crianças estavam comendo biscoito recheado ao redor dele, um senhor veio oferecer-lhe biscoito e ele simplesmente recusou sem dizer nada. O senhor não sabia que ele tinha diabetes e continuou insistindo, pensando que o menino estava envergonhado em aceitar, até que ele começou a chorar. Eu lhe disse para sair e nos deixar. E então eu conversei com ele que no céu vamos ter uma mesa com

Testemunhos

todas as nossas comidas preferidas e ele sorriu para mim. Eu orei com ele, mas não pudemos testar se ele havia sido curado naquele momento ou não. Uma coisa de que estou certa é que ele foi verdadeiramente amado naquele dia. Isso mudou a vida dele para sempre e a minha também. Eu nunca esquecerei aquele sorriso que me custou tanto para conseguir e quando veio foi como o sol levantando no horizonte.

Eu [Jamie] também tenho meus testemunhos que adoraria compartilhar. Quando eu era muito jovem, minha família passou por muitas coisas. Meus pais tinham muitos problemas e se divorciaram quando eu tinha cinco anos de idade. Meu irmão mais velho, minha irmã e eu passamos por muitas coisas também vendo nossos pais com diferentes parceiros. Nós crescemos buscando estabilidade e adultos que pudessem declarar coisas boas sobre as nossas vidas. Nós não sabíamos a quem culpar por todos os problemas, nos perguntando quem tinha problemas com drogas ou quem fez o que. Quando fiquei mais velho, eu tomei muitas responsabilidades para mim mesmo e direcionei minha vida para a faculdade e em ajudar pessoas menos afortunadas.

Quando eu tinha 18 anos, eu estava conversando com Deus e decidi que eu queria ter um relacionamento verdadeiro com Ele. Eu sempre acreditei em Deus, mas eu pensava que porque eu não fazia muitas coisas ruins eu estava indo bem aos olhos de Deus. O único problema é que eu não tinha um relacionamento com Ele.

Na faculdade, eu finalmente encontrei uma comunidade para me encorajar em minha caminhada com Deus. Eu não cresci rodeado de pessoas que estavam buscando a Deus e logo percebi o quanto isso era importante. Não muito mais tarde, eu me conectei com um pastor da faculdade e comecei a fazer viagens missionárias ao Brasil. Em minha primeira viagem ao Brasil, eu me apaixonei pelo país e pelas pessoas. Deus me deu um coração pelo lugar e eu fiz todo o possível para retornar.

Na segunda viagem, eu tinha duas grandes questões para Deus. Eu perguntei se Ele queria que eu fizesse missão em tempo integral no Brasil e eu estava me perguntando quando e se eu jamais encontraria uma boa mulher para casar. Nos primeiros dias, eu estava em meu tempo de adoração a Deus e Ele falou comigo que eu iria fazer missão por um longo tempo no Brasil e que eu faria parte de um trabalho para levantar líderes para enviá-los a todas as partes do Brasil e do mundo. Brasil é uma chama de fogo de Deus que logo se espalhará por todo o mundo. Aquilo foi maravilhoso! Então, depois disso, eu tive muitos momentos livres para conversar com Letícia em meus intervalos entre construir uma casa em uma favela e ir a reuniões em escolas. Por alguma razão, parecia que todos sabiam que nós gostávamos um do outro antes de nós mesmos. Eu finalmente conversei com Deus a respeito dela, e perguntei se era certo eu gostar dela. E eu disse que se não era, então que ele fizesse alguma coisa a respeito. Nosso tempo de ministério e social juntos só parecia ficar melhor e melhor. Eu decidi ser aberto e honesto sobre meus sentimentos com ela e perguntei se ela gostaria de orar e descobrir se havia algo mais para nós do que só sermos amigos. Isso certamente respondeu minha questão a Deus sobre mulheres! Agora estamos casados, felizes e escrevendo livros!

Com o passar dos anos, tenho experimentado muitas vitórias em minha família. Meu irmão e irmã estão casados com pessoas maravilhosas e estão crescendo em seu relacionamento com Deus. Meu irmão Nathan recentemente teve sua primeira filha e minha irmã tem quatro crianças lindas. No último ano, meu relacionamento com meu pai foi restaurado depois de não termos nos visto por mais de sete anos. Como a Letícia mencionou previamente, a viagem missionária para o México foi maravilhosa. Eu vi as vidas de muitas pessoas serem transformadas para sempre. Num culto em uma igreja, as pessoas vieram precisando de cura e pedindo por oração. Eu orei por uma senhora que tinha um tumor no seio. Eu orei por ela uma vez e pedi que sentisse o tumor novamente e ela me olhou com os olhos arregalados. Meu tradutor disse que tinha diminuído pela metade do tamanho. Eu agradeci a Deus e orei novamente. Eu pedi a ela que sentisse novamente e o tumor tinha desaparecido. Ela me olhou, agora com lágrimas nos olhos, e maravilhada com a situação. Eu também tive dificuldades para não chorar.

    Outra senhora veio até mim e me disse que haviam orado por ela por seus problemas respiratórios e que começou a doer mais, mas depois parecia ter desaparecido. Ela estava confusa e queria que eu orasse por ela novamente para ver o que ia acontecer. Eu comecei a liberar cura e paz sobre ela e ela me disse com um olhar confuso que parecia que havia eletricidade correndo para cima e para baixo em suas pernas. Eu conversei com ela sobre as manifestações do

Testemunhos

Espírito Santo e que Ele se revela de formas diferentes e cura de maneira diferente o tempo todo. Ela se sentiu melhor e foi embora curada. Foi doido o que Deus estava fazendo. A viagem toda nós pudemos amar pessoas e demonstrar-lhes que Deus é bom.

Enquanto estávamos na Califórnia, nós dois lideramos um programa extraclasse numa escola pública. As crianças eram bem agitadas! Havia, contudo, uma menina que era extremamente tímida. Se algum de nós tentasse falar com ela, ela virava o rosto ou corria na direção oposta. Quando tínhamos jogos de grupos ela raramente participava. Parecia que ela não tinha ideia de como ficar perto de outras pessoas. Todos nós somente oramos por ela e continuamos demonstrando amor de todas as maneiras imagináveis. Semanas mais tarde, ela começou a se aproximar mais de nós. Ela começou a jogar vários jogos e rir e brincar com outras crianças. Perto do final do ano escolar, ela até veio e abraçou minha perna. É impressionante como o amor de Deus através de nós mudou a vida dela.

Deixe-nos orar por você:
Senhor, nós oramos que estes testemunhos tenham sido encorajadores e que você faça de novo na vida de quem está

Começando Sua Vida com Deus

lendo! Que eles vejam pessoas receberem cura e que eles derramem o amor de Deus em medidas maiores do que nunca. Sonhe com eles sobre o que eles querem ver e lhes dê oportunidades para ver esses sonhos acontecerem. Nós agradecemos pelas coisas maravilhosas que você fez na vida deles, mesmo que eles não tenham percebido ainda. Nós os abençoamos em suas aventuras com Deus em nome de Jesus. Amém.

Conclusão

Vida com Deus

"Se alguém confessa publicamente que Jesus é o Filho de Deus, Deus permanece nele, e ele em Deus. Assim conhecemos o amor que Deus tem por nós e confiamos nesse amor. Deus é amor. Todo aquele que permanece no amor permanece em Deus, e Deus nele." I João 4:15-16

Concluindo este livro queremos encorajar você em sua fé. Nós estamos vivendo um tempo em que as pessoas estão crescendo rapidamente com Deus. Oramos que você cresça rapidamente e percorra grandes distâncias com Deus, que Seu amor em você seja tão profundo que você mude o mundo para sempre. Declaramos que você muda atmosferas aonde vai e impacta as pessoas de uma forma positiva todos os dias. O amor que está dentro de você crescerá tanto que fluirá para tudo e todos ao seu redor. Você foi criado para a grandeza e oramos que você sonhe com Deus, como nunca antes. Oramos que você seja cheio da alegria de Deus a cada manhã e que ria centenas de vezes por dia. Oramos pela proteção de Jesus sobre o seu espírito, mente e corpo, para que você se fortaleça com Deus e viva a plenitude do seu chamado e sonhos. Eu [Jamie] quero orar por você através de duas orações que Paulo escreveu. Eu oro "que o Deus de nosso Senhor Jesus Cristo, o glorioso Pai, lhes dê espírito de sabedoria e de revelação, no pleno conhecimento dele. Oro também para que os olhos do coração de vocês sejam iluminados, a fim de que vocês conheçam a esperança para a qual ele os chamou, as riquezas da gloriosa herança dele nos santos e a incomparável grandeza do seu poder para conosco, os que cremos" (Efésios 1:17-19a). Eu oro "para que, com as suas gloriosas riquezas, ele os fortaleça no íntimo do seu ser com poder, por meio do seu Espírito, para que Cristo habite no coração de vocês mediante a fé; e oro para que, estando arraigados e alicerçados em amor, vocês possam, juntamente com todos os santos, compreender a largura, o comprimento, a altura e a profundidade, e conhecer o amor de Cristo que excede todo conhecimento, para que vocês sejam cheios de toda a plenitude de Deus." (Efésios 3:16-19).

Conclusão

Agora que você está mais pronto do que nunca para buscar a Deus e buscar uma vida cheia de poder e alegria, nós queremos encorajá-lo a ser uma pessoa que busca o coração de Deus. Quando você perceber que está focando seu olhar no que é bom, no que é verdadeiro, no que é puro e no que é amável você terá paz. Seja o que for que acontecer em sua vida, lembre-se sempre que Deus está com você e que o Seu amor nunca falhará. É preciso uma mudança de perspectiva para tornar problemas em oportunidades, para aprender, amar, ou fazer algo maravilhoso que ninguém espera, nem mesmo você.

Sobre os Autores

Jamie Elg se formou em Educação Elementar em Augustana College, Sioux Falls, Dakota do Sul (EUA). Ele fez diversos trabalhos missionários no Brasil e atualmente cursa o segundo ano da Escola Bethel do Ministério Sobrenatural em Redding, Califórnia. Ele planeja fazer missões em tempo integral no Brasil assim que se formar.

Letícia Costa Elg tem um mestrado em Psicologia e especialização em Terapia Sistêmica de Família. Cursou a Escola de Treinamento e Discipulado de Jovens com Uma Missão em Minas Gerais, BR. Formada pela Escola Bethel do Ministério Sobrenatural, está atualmente estagiando com o Pr. Carl Richardson.

Jamie e Letícia são casados desde 2010, felizes e crescendo em seu relacionamento com Deus. Jamie foi recentemente ordenado, tendo o privilégio de realizar o casamento de sua irmã Heather e seu cunhado Luke. Jamie e Letícia continuam provando e vendo que Deus é bom o tempo todo!

Made in the USA
Charleston, SC
18 November 2011